前厅部实训教程

主 编 王 玉
副主编 戴玉秀 傅广海

西安交通大学出版社
XI'AN JIAOTONG UNIVERSITY PRESS
国家一级出版社
全国百佳图书出版单位

内容简介

本书简洁易懂，实用性很强。主要包括了前厅客房预订、总台接待、总台帐务处理、问询服务、总机服务、礼宾服务、大堂副理等内容。主要强调了实践能力培养和提高，紧扣职业技能鉴定，不仅帮助读者运用酒店理论知识，又为教师和学生的教学提供了方法和手段。该书主要以现代酒店服务为依据，根据真实的工作任务从客人的实际需要，按照服务程序分成不同的模块全面详细的介绍了现代酒店业前厅服务人员应该具备的基本操作技能和方法，涵盖了前厅服务技能所有方面，并且具有很强的时效性和可操作性。

本书可作为高校旅游专业、酒店系专业以及社会培训教材。

图书在版编目(CIP)数据

前厅部实训教程/王玉主编．—西安：西安交通大学出版社，2011.2(2019.1重印)
ISBN 978-7-5605-3815-0

Ⅰ.①前… Ⅱ.①王… Ⅲ.①饭店-商业服务-技术培训-教材
Ⅳ.①F719.2

中国版本图书馆 CIP 数据核字(2011)第 004670 号

书　　名	前厅部实训教程
总 主 编	刘　住
主　　编	王　玉
责任编辑	孟　颖
出版发行	西安交通大学出版社
	(西安市兴庆南路 10 号　邮政编码 710049)
网　　址	http://www.xjtupress.com
电　　话	(029)82668357　82667874(发行中心)
	(029)82668315(总编办)
传　　真	(029)82668280
印　　刷	西安日报社印务中心
开　　本	720 mm×1000mm　1/16　印张 7.25　字数 119 千字
版次印次	2011 年 2 月第 1 版　2019 年 1 月第 3 次印刷
书　　号	ISBN 978-7-5605-3815-0
定　　价	26.00 元

读者购书、书店添货、如发现印装质量问题，请与本社发行中心联系、调换。
订购热线：(029)82665248　(029)82665249
投稿热线：(029)82668133
读者信箱：xj_rwjg@126.com

版权所有　侵权必究

总　序

随着第三产业的发展，现代服务业在各国国民经济中的比重不断增加。饭店业作为现代服务业中的主要组成部分，其经济地位日显重要，经济影响在世界范围内越来越被各国政府所重视，成为推动社会经济发展的重要因素。全球饭店业不论在数量、规模、结构，还是在服务质量和经营管理水平等各方面都取得了长足的进步，饭店从业人员的职业化程度也不断提升。

中国饭店业用了30多年的时间，走完了发达国家饭店业近百年的历程。国家旅游局局长邵琪伟在"2007年中国旅游投资洽谈会"上指出，到2015年全国将新增各类住宿设施约20万家，其中星级饭店约1万家，五星级饭店将超过500家，对休闲度假饭店的需求也将有成倍的增长。近年来，国际品牌饭店巨头华美达、威斯汀、喜来登、希尔顿、香格里拉等纷纷瞄准中国广阔的旅游和饭店市场，给予大力的预算投资和市场开拓，增资或合作新建项目。随着全球经济一体化，饭店业的竞争日趋激烈，未来十年，饭店业的竞争首先是人才的竞争，然后才是市场的竞争。我国饭店业在保持迅猛增长劲头的同时，人才需求的矛盾日益突出，已成为饭店业可持续发展的瓶颈。要提高我国饭店业的国际竞争水平，必须加强对饭店管理专业人才的教育和培训，这是我国饭店业未来发展制胜的关键。

饭店管理专业是培养饭店业人才且具有鲜明职业色彩的专业教育，这个本质属性决定其教育培养模式必然是"以能力为基础的教育（competency based education，CBE）"，这一论断已被国内外饭店管理教育的正反实践所一再证实。

国外饭店管理专业教育已有100多年历史，最著名的饭店管理院校是瑞士洛桑饭店管理学院和美国康奈尔大学饭店管理学院，这两所学校的毕业生遍布全球国际饭店管理集团的高层，在世界上享有盛誉。之所以成功，盖源于他们设计的是以能力为本位的教学模式，强调必须以足够的专业知识为基础，以职业岗位能力为重心，并将学生的能力作为其就业取向、职业导向和参照标准。欧洲、美洲、澳洲等国家和地区的饭店管理院校，均积极推行这种教育培养模式。

中国的饭店管理专业教育也走过了30多年的历程，在大陆之外，台湾高雄餐旅学院、香港理工大学酒店及旅游业管理学院、澳门旅游学院等；在大陆，上海旅游高等专科学校、桂林旅游高等专科学校、南京旅游职业学院、山东旅游职业学院、浙江旅游职业学院等，同样采用这种"以胜任岗位工作要求为出发点的教育"，并取得了成功。

相反,采用"以知识为本位的教育(knowledge based education,KBE)"的饭店管理院校没有一家取得成功。之所以失败,盖源于他们参照的教育培养模式的重心放在知识上,是教学取向学科导向,重理论轻应用,属于常模参照。

CBE的核心部分是职业岗位能力分析,首先考虑的是学生毕业后将从事的岗位工作的具体要求,再据此有针对性地开发课程和组织教学活动。对此,本系列饭店实训教程就是根据饭店前厅、客房、餐饮、酒吧、厨房、财务等几个主要部门的每个岗位的职责要求,细分成具体工作项目、操作程序和规范标准。它有如下显著特点:第一,通过职业岗位和岗位群的职业能力要求分析来确定教学实训目标;第二,每项实训任务以学生动手完成任务为准则,即用可测量的标准来说明学生的学习结果;第三,实训过程强调掌握职业能力,而非强调实训时间的长度和方式;第四,开展以学生为中心组织实训,并采用目标教学法,重视实训过程中的质量控制和评估。

我们相信,本系列丛书由于以上特点,不仅能够满足饭店管理院校学生的实训需要,也能够满足饭店企业员工的培训需要。诚然,任何一项改革和创新的阶段性成果,都不可避免地有其局限性,我们将在使用本系列教程过程中不断地征询意见并进行修正,使之日臻完善。

刘 住

2010.12.5

前言

　　前厅部是酒店的窗口,是酒店的咽喉,是给我们客人留下第一印象和最后印象的关键部位,前厅服务质量的好坏直接关系酒店声誉和酒店经济效益。随着时代的进步,酒店行业竞争日趋激烈,现代科技不断引入到酒店的管理中,我们的员工不仅必须具备良好的服务意识,还要有较强的专业技能、良好的语言理解表达能力及交流能力。因此,我们酒店需要有专业、规范、个性化的管理模式,不断满足我们消费者"个性化服务、信息化服务的需要"。

　　本书主要以现代酒店服务规范为依据,全面详细地介绍了现代酒店前厅服务人员应该具备的基本操作技能和方法,涵盖了前厅服务技能所有方面,并且具有很强的时效性和可操作性。是酒店管理专业的实训教材,本书主要包括前厅客房预订、总台接待、总台帐务处理、总机服务、礼宾服务等内容。本书强调实践能力的培养和提高,紧扣职业技能鉴定,不仅要帮助读者运用酒店理论知识,还要为教师和学生的教学提供了方法和手段。

　　成都信息工程学院银杏酒店管理学院建于 2002 年,是四川省首批教育部审核确认的七所独立学院之一,也是由教育部核准的全国第一所本科层次的酒店管理学院。学院本着"一切为了学生的发展,一切为了服务于社会"的办学核心理念和共同价值观,以"服务养成,知行相济"为校训,强调学生综合素质的培养,注重培养学生学以致用的能力。酒店管理专业是学院重点建设的特色专业,以培养适应酒店管理、服务第一线需要的应用型人才为根本目的,具有鲜明的职业特色,其内在特点决定了实践教学环节的重要性,学院领导对酒店管理专业的实践教学极为重视,该专业在实践教学体系建设、课程建设、教材建设等方面进行了改革和探索。在学院领导的指导和关怀下,酒店系全体教师积极参与,使本书得以顺利完成。其中廖静娴老师为该书第一章补充了部分内容,付出了辛勤的劳动,感激之情无法言表。在本书的编写过程中,得到了成都西藏饭店、成都凯宾斯基饭店、成都明悦大酒店、成都天之府温德姆至尊豪廷大酒店、成都岷山饭店等企业的大力支持和帮助,在此一并表示表心的感谢！原学院首席顾问，刘住先生为本书的编写、出版提供了极大的帮助，在此深表谢意！本书参考了诸多专家及学者的研究成果，并引用了酒店业的相关资料，已在书后列出主要参考文献，在此对这些专家学者一并表示感谢！

由于编者的学识与经验有限，加上时间紧迫，书中不足之处，恳请专家学者、业内同行提出宝贵意见。

最后，对西安交通大学出版社与各位编辑的大力支持表示衷心的感谢！

成都信息工程学院银杏酒店管理学院
王 玉
2010 年 11 月 2 日

目 录

第一章　前厅部概述 /1
　　一、前厅部的地位和作用 /2
　　二、前厅部的组织机构图 /4
第二章　各管理岗位工作职责 /6
第三章　管理制度 /11

第四章　前厅工作人员接待礼仪基础知识 /14
　　一、仪容仪表 /15
　　　1. 前厅服务人员仪容规范 /15
　　　2. 前厅服务人员服饰规范 /16
　　二、电话接听礼仪 /17
　　　1. 接听电话 /17
　　　2. 打电话 /18

第五章　预订服务 /19
　　一、预订服务 /20
　　　1. 散客预订服务 /20
　　　2. 团队预订服务 /21
　　　3. VIP客人预订服务 /22
　　　4. 电话预订服务 /23
　　　5. 书面预订服务（信函、传真）/25
　　　6. 网络预订服务 /25

　　二、修改预订 /26
　　　1. 更改预订服务 /26
　　　2. 取消预订服务 /27
　　　3. 核对预订 /28
第六章　前台接待 /29
　　一、散客接待 /30
　　　1. 班前准备工作 /31
　　　2. 有预订客人的接待 /32
　　　3. 无预订客人的接待 /33
　　　4. VIP客人的接待 /34

    5. 超额预订客人的接待 /36

    6. 散客离店 /37

二、团队接待 /38

    1. 团队的接待 /38

    2. 团队离店 /39

三、总台结帐程序 /40

    1. 散客退房 /40

    2. 挂账 /41

    3. 会议、团队帐务处理操作规程 /42

    4. POS机故障处理规程 /43

四、其他 /45

    1. 客人提前到达或延期续 /45

    2. 换房服务 /46

    3. 兑换外币 /47

    4. 贵重物品寄存 /48

    5. 无干净房提供给预订客人 /49

五、总台查询 /50

    1. 访客在总台查询客人 /50

    2. 访客电话查询客人 /51

第七章　商务服务 /53

一、对客服务 /54

    1. 传真服务 /55

    2. 打印服务 /57

    3. 复印及装订服务 /58

    4. 网络服务 /59

    5. 特快专递服务规程 /60

二、复印机保养 /62

复印机日常保养 /62

第八章　礼宾服务 /63
　一、礼宾服务 /64
　　1. 散客迎宾服务 /64
　　2. 团队迎宾服务 /67
　　3. 进店时行李服务 /68
　　4. 客人离店时行李服务 /69
　　5. 换房行李服务 /70
　　6. 长期行李寄存服务 /71
　　7. 行李领取服务 /72
　　8. 带客进房 /72
　　9. 物品转交服务 /74
　　10. 打包服务 /75
　　11. 寄存行李 /76

第九章　总机 /84
　一、电话转接程序 /85
　　1. 应答外线电话 /85
　　2. 应答内线程序 /85
　　3. 电话转接 /86
　二、叫醒服务 /86
　　1. 散客叫醒服务 /86
　　2. 团队叫醒 /87
　三、来电查询程序 /88
　　1. 查询非保密住店客人 /88
　　2. 请勿打扰房间电话的转接 /88
　　3. 免打扰服务 /89

　二、其他服务 /77
　　1. 处理询问 /77
　　2. 处理邮件 /78
　　3. 处理留言 /79
　　4. 残疾人服务规程 /80
　　5. 出租车服务规程 /81
　　6. 委托代办服务 /82

第十章　大堂副理 /90
　一、投诉处理 /91
　　1. 处理投诉技巧与原则 /91
　　2. 处理投诉规程 /92

　二、特殊处理规程 /93
　　1. 过生日客人处理规程 /93
　　2. 生病客人处理规程 /94
　　3. 处理物品丢失或损坏规程 /95

　　4. 火警处理 /95
　　5. 客人物品丢失 /96
　　6. 楼层发生火警 /96
　　7. 发生水情 /97
　　8. 处理治安事件 /98
　　9. 外宿房处理 /98
　　10. 送洗衣物有破损 /99
　　11. 客人对服务不满意要求折扣 /99
　　12. 客人房间卡丢失 /100
　　13. 醉酒客人处理 /100
　　14. 住店客人死亡 /101
　　15. 食物中毒 /101
　　16. 各岗紧急停电处理规程 /102
　　17. 遗留物处理规程 /103
　　18. 处理超住规程 /104

　主要参考文献 /106

第一章
前厅部概述

前厅部实训教程

一、前厅部的地位和作用 ▶

前厅部是为客人提供各种综合服务的部门,其主要工作为招待并接待客人,推销客房及餐饮等酒店服务。前厅部在酒店中的地位和作用是与它所担负的任务相联系的,它虽不是酒店的主要营业部门,但它对酒店市场形象、服务质量乃至管理水平和经济效益有至关重要的影响。

前厅部主要负责客房销售、提供礼宾服务、各种问询、委托代办电话转接、各种重要接待等服务。

图片来源:成都明悦大酒店

1. 前厅部是酒店业务活动的中心

客房是酒店最主要的产品,前厅部通过客房的销售来带动酒店其他各部门的经营活动。为此,前厅部积极开展客房预订业务,为抵店的客人办理登记入住手续及安排住房,积极宣传和推销酒店的各种产品。同时,前厅部还要及时地将客源、客情、客人需求及投诉等各种信息通报有关部门,共同协调全酒店对客人的服务工作,以确保服务工作的效率和质量。

同时,前厅部自始至终是为客人服务的中心,是客人与酒店联络的纽带。前厅部人员为客人服务从客人抵店前的预订、入住,直至客人结账,建立客史档案,贯穿于客人与酒店交易往来的全过程。

2. 前厅部是酒店管理机构的代表

前厅部是酒店神经中枢,在客人心目中它是酒店管理机构的代表。客人入住登记在前厅、离店结算在前厅,客人遇到困难寻求帮助找前厅,客人感到不满时投诉也找前厅。前厅工作人员的言行举止将会给客人留下深刻的第一印象,最初的印象极为重要。如果前厅工作人员能以彬彬有礼的态度待客,以娴熟的技巧为客人提供服务,或妥善处理客人投诉,认真有效地帮助客人解决疑难问题,那么客人对酒店的其他服务,也会感到放心和满意。反之,客人对一切都会感到不满。

图片来源:成都岷山饭店

由此可见,前厅部的工作直接反映了酒店的工作效率、服务质量和管理水平,直接影响酒店的总体形象。

3. 前厅部是酒店管理机构的参谋和助手

作为酒店业务活动的中心,前厅部能收集到有关整个酒店经营管理的各种信息,并对这些信息进行认真的整理和分析,每日或定期向酒店管理机构提供可以真实反映酒店经营管理情况的数据和报表。前厅部还定期向酒店管理机构提供咨询意见,作为制定和调整酒店计划和经营策略的参考依据。

综上所述,前厅部是酒店的重要组成部分,是加强酒店经营的第一个重要环节,它具有接角面广、政策性强、业务复杂、影响全局的特点。因此,酒店以前厅为中心加强经营管理是十分必要的,很多工作在酒店管理第一线的经理都认为,如果将酒店比作一条龙,那么前厅部就是"龙头"。可见前厅部的重要地位。

二、前厅部的组织机构图

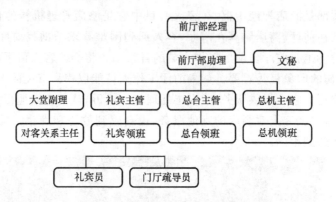

前厅部组织机构各部分间关系的模式直接决定着组织中正式的指挥系统和交通网络，不但影响着信息沟通与利用效率，而且会影响到前厅员工的心理和能力的发挥，从而影响前厅部的效率和酒店的经营。因此，恰当的前厅部组织结构，对于有效地实现组织目标，是至关重要的。

前厅员工在正规经营的酒店里通常占酒店员工总数的25%以上，其中前台员工就占员工总数10%左右。这些员工的素质比其他部门要求高。如何有效地组织这些员工，完成前厅部的业务运转，必须遵守以下组织原则：

1. 精简原则

前厅部的组织机构设置，必须遵守精简原则。前厅部机构精简，不仅利于劳动力的节省，而且更重要的是利于工作效率的提高和人际关系的融洽。否则，人浮于事，势必影响前厅部业务运转的效率，特别是前厅管理人员更应精简。前厅部的定员一定要以前厅部工作分析为基础，以工作定员工，而不要因人而找工作，将可有可无的员工安排在前厅部。

2. 统一原则

无论酒店的规模大小、管理层次在管理幅度上的差别，在设置前厅部组织机构时，务求统一指挥，权责分明的组织原则，更利于前厅部效能的发挥。

3. 管理幅度和管理层次

为了保证酒店的运转，现代化酒店通常采取"四级管理"、"垂直领导"的管理体制。前厅部的管理幅度通常是六个分部，管理层次通常是三层，这一标准随着酒店的规模和档次变化而有所不同。总之，前厅部为了保证业务运转效率，管理幅度和层次也是必须考虑的内容。

第一章 前厅部概述

  在以上组织原则的指导下,前厅部的组织机构随着酒店的规模不同而有较大的差别。客房数在 20 间以下的酒店,通常被称为小型酒店。其组织机构的设置一般比较简单。但是要突出前厅、餐饮、客房和工程维修以及财务部的作用。在大型酒店里,前厅部的管理层次和管理幅度都大于中小型酒店,使得前厅在酒店总体管理中的地位却更加突出。

第二章
各管理岗位工作职责

第二章 各管理岗位工作职责

一、岗位：前厅部经理

工作职责：

（1）负责酒店内前厅部的日常管理工作，保证部门正常运行，确保为客人提供优质高效的前厅服务。

（2）主持制定本部门的管理规章制度、工作操作流程、服务质量标准、安全保障措施，并督导下属员工认真贯彻。

（3）及时沟通信息。

（4）处理本部门的投诉。

（5）培训部门主管及员工，深入做好思想工作，调动员工工作积极性。

（6）根据酒店经营目标、编制本部门的经营工作计划，并组织、督导下属员工切实完成。

二、岗位：前厅部经理助理

工作职责：

（1）负责组织草拟、修改、完善本部门有关工作程序和制度。

（2）处理客人对本部门的一般投诉，并将结果上报经理。

（3）检查各岗位工作情况以及各类报表的填写。

（4）组织督导实施本部门培训，定期对领班、员工进行考核。

（5）加强与人力资源部的联系，建立本部门员工的质检档案和培训档案。

（6）配合经理完成其他管理工作。

三、岗位：前厅部文员

工作职责：

（1）负责保存各类文件及其他部门、酒店下发的备忘录、各种单据、表格、员工档案和文件，以及档案的完善、保管、整理、归档工作。

（2）负责前厅部各岗位办公用品及资料的领补。

（3）负责考勤和各类加班工资报表的统计及填写并报至相关部门。

（4）负责前厅部各项费用的登记。

四、岗位：大堂副理

工作职责：

（1）代表酒店总经理接受并妥善处理客人对酒店的一切投诉，并根据投诉情况提出处理意见和改进建议。

（2）办理或协助办理有关VIP接待事宜。

(3)调节大厅气氛,维护大厅秩序,协调并督导大厅各部门工作。

(4)巡回检查酒店所有区域,以消灭隐患,处理或协助处理火警、停电、客人生病、被盗等突发事件。

(5)协助前台处理账务事宜。

(6)协调酒店各部门的关系。

五、岗位:对客服务关系主任

工作职责:

(1)协助总办及大堂副理接待 VIP 客人。

(2)建立常客资料库,每×(根据酒店情况)个月更新客户信息并存档,对常客做定期回访。

(3)协助大堂副理处理客人投诉和工作期间发生的停电、消防、安全等紧急突发事件及维护大厅氛围。

(4)关注客人动向,主动与客人交流,了解信息,协调关系。

(5)负责饭店每月客人意见分析。

六、岗位:总机主管

工作职责:

(1)全面负责总机的管理工作,并处理本岗位投诉。

(2)协调与各部门关系,加强沟通和联络。

(3)制订培训计划,对本部门员工进行培训和考核,不断提高员工业务水平和工作质量。

(4)掌握员工思想动态,做深入细致的思想工作,调动员工的工作热情。

(5)汇总分析对客服务的情况以及网上客人意见。

(6)办理上级临时交办的各项工作。

(7)按照酒店规定,根据员工工作情况和表现,实施奖惩。

(8)完成领班每日考核。

七、岗位:总机领班

工作职责:

(1)检查员工行为规范,落实对客服务的服务标准。

(2)制订培训计划,对本部门员工进行培训和考核。

(3)负责本部门的财产并检查机器设备的运转情况。

(4)协调与各岗位的关系。

(5)办理上级主管交办的各项工作。

(6)汇总分析对客服务的情况以及网上客人意见,汇总饭店各部门电话费用及使用情况并反馈上报主管。

(7)完成员工每日考核。

八、岗位:礼宾主管

工作职责:

(1)随时掌握客人进离店情况,安排并督导员工完成职责范围内的所有工作。

(2)检查员工的行为规范,安全情况,发现问题及时处理。

(3)按规定处理本部门的投诉和行李运送过程中发生的差错及责任事故。

(4)协调本部门与其他部门的关系,加强与相关部门的沟通和联络。

(5)与员工沟通思想,了解员工身体状况,注意调节工作气氛,提高工作士气。

(6)了解VIP进店时间,在其进店时,带领员工在大厅迎接,并带其进房。

(7)安排培训计划,对本部门员工进行培训和考核。

(8)定期对员工进行工作评估,做好每日考核。

(9)按照酒店规定,根据员工工作情况和表现,实施奖惩。

(10)办理上级临时交办的各项工作。

(11)每日对行李房的行李寄存情况进行巡查并在行李登记表上签字。

(12)主持班前会,做好上传下达和早例会的落实。

(13)完成领班每日考核。

九、岗位:礼宾领班

工作职责:

(1)主持班前会,做好上传下达和早例会的落实。

(2)负责员工的签到签离。

(3)督导员工行为规范和服务标准。

(4)检查行李寄存情况,保障行李的安全。

(5)检查提供给客人使用的物品,保证完好。

(6)完成员工每日考核。

十、岗位:总台主管

工作职责:

(1)负责总台及行政楼层管理工作,做好信息的传递。

(2)负责员工的培训和考核。

(3)合理调配员工,保障每日工作顺利进行。
(4)安排并督导下属完成职责范围内的所有工作。
(5)协调与其他部门的关系,加强与各部门的沟通和联络。
(6)处理对本部门的投诉。
(7)处理上级临时交办的其他工作。
(8)按照酒店规定,根据员工工作情况和表现,实施奖惩。

十一、岗位:总台领班 ▶

工作职责:
(1)负责检查员工到岗情况、仪容仪表、行为规范和卫生情况。
(2)协调与其他部门的关系,加强与相关部门的沟通和联络。
(3)按照饭店和部门的规定,针对员工的实际工作情况,实施奖励和处罚。
(4)协助主管完成员工培训工作。
(5)按规定处理对本部门的投诉。
(6)处理主管临时交办的其他工作。
(7)完成员工每日考核。

第三章
管理制度

一、前台电脑系统操作管理制度

(1) 使用前台电脑时,每位前台员工都会有自己的口令及密码,以便员工进入电脑工作。如果电脑进入权限不够,可通过前台主管申请增加开启其他功能权限。

(2) 每个人的口令及密码只能自己使用,不能告诉任何人。每次进入电脑时,必须使用自己的口令和密码。

(3) 当员工离开电脑终端时,应按指定的按键锁好电脑,避免别人使用口令和密码。

(4) 不要允许他人在本人口令和密码下更新/改变/取消信息,因为员工要对自己的口令和密码的所有操作负责。

二、前台交接班管理制度

(1) 前台交接班表记录了所有相关的信息,在工作中起着相当重要的交流和沟通的作用,每位员工在当天开始工作前都应仔细阅读交接班表。

(2) 前台处的交接班表和例会记录本每日更新,并且放在前台规定的地方方便每位员工阅读。

(3) 例会记录本传递着饭店的重要信息和管理人员检查发现的问题。每位员工必须阅读签名,以确保知道所有信息,避免因此造成工作的错误,如有疑问的必须问清当班管理人员。

(4) 记录在交接班表的信息主要有:客人的特殊要求、需转交下班完成的事务或需跟进的事宜和进程。

(5) 前台管理人员应跟进交接表上所记录的各项留言和事宜。

(6) 接班人员未提出异议而接班,之后再出现的任何问题由接班人员负责。

三、总台审证制度

1. 国内客人

可使用的证件:有效身份证、大陆居民往来港澳台通行证、中国护照、军官证、士兵证、武警证、劳改释放证,以上证件均要求为本人证件。

(1) 对照证件相片检查是否为本人证件,非本人证件不予登记。

(2) 检查证件有效期,若过期不予登记。

(3) 检查证件字迹清晰度,以能清晰辨认字迹为准,否则不予登记。

(4) 检查证件的磨损度,以无大面积损坏为准(未折断、无大面积浸染、无烧毁痕迹),否则不予登记。

2. 国外客人(包括港澳台客人)

可使用的有效证件:本国护照、外国人居留证、港澳通行证、台湾居民往来大陆通行证、旅行证等(若不能确定外宾使用证件是否有效,应联系公安厅出入境管理处确认,并复印客人证件予以登记,事后做好详细记录上报饭店)。

(1)对照证件相片检查是否为本人证件,非本人证件不予登记。

(2)检查证件有效期,若过期提醒客人到公安局出入境管理处办理续签手续,如客人有异议,可由公安局出入境管理处指示能否予以登记,事后做好详细记录上报经理。

(3)检查护照签证,台胞证签注期,若过期提醒客人续签并将情况上报公安局出入境管理处;由公安局出入境管理处指示能否予以登记,事后做好详细记录上报经理。

第四章
前厅工作人员接待礼仪基础知识

中华民族自古以来就非常崇尚礼仪,号称"礼仪之邦"。孔夫子曾说过:"不学礼,无以立。"作为一名酒店人,尤其是前厅的工作人员代表着酒店的形象,服务质量的好坏直接关系着酒店的声誉,因此掌握服务礼仪是至关重要的。

一、仪容仪表

1. 前厅服务人员仪容规范

项目名称	操 作 程 序	说 明 / 标 准
男士头发	(1)清洁无头屑; (2)修剪梳理整齐; (3)低头时,头发不遮住脸; (4)染发不得过于夸张; (5)头发侧面不遮住耳朵,后面不触及领子。	染发不能染成红、绿、金等夸张颜色。
女士头发	(1)清洁无头屑; (2)修剪梳理整齐; (3)头发不应散落; (4)过颈长发应购买统一发夹系于脑后; (5)低头时,头发不遮住脸; (6)不应佩带不适当的发饰; (7)染发不得过于夸张; (8)头发不得梳剪夸张的发式。	
面部	(1)眼睛保持干净,及时去除眼角分泌物; (2)不能佩戴时尚镜框的眼镜,也不可以佩戴有色眼镜; (3)及时剔出耳内分泌物,如有耳毛注意及时修剪; (4)耳朵不得打连排耳钉; (5)鼻孔保持干净,如有鼻毛及时清理; (6)口腔保持干净无异味,上班期间忌吃大蒜、大葱、韭菜等刺激性食物; (7)男士必须每天剃须; (8)要求淡妆。	

项目名称	操作程序	说明/标准
肢部修饰	(1)除结婚戒指外不得佩带其他饰物; (2)不留指甲; (3)不能涂艳丽指甲油。	指甲长短判断标准:直立手掌,视线穿过指头看不到指甲视为可。

2. 前厅服务人员服饰规范

项目名称	操作程序	说明/标准
制服外套	(1)制服应干净,熨烫平整; (2)无破损、污迹或灰尘; (3)无松口或掉扣; (4)大小合身; (5)内衣不能露在制服领口外; (6)制服应完整,穿戴得体; (7)制服袋内只能放与工作有关的物品。	制服袋内不允许放烟、火机、钥匙等与工作无关的物品。
衬衣	(1)衣领及袖口清洁; (2)衣领及袖口无磨损; (3)纽扣齐全; (4)熨烫挺括; (5)领带干净无污迹,领带打结得体。	
鞋	(1)女士穿黑色有根皮鞋; (2)男士穿黑色正装皮鞋。	皮鞋光亮。
袜子	(1)穿裙子的员工需穿长筒袜,袜口不得露于裙装外; (2)应穿肉色或黑色丝袜; (3)丝袜应完好无脱丝和破损。	丝袜颜色需统一。

第四章 前厅工作人员接待礼仪基础知识

二、电话接听礼仪 ▶

图片来源：成都西藏饭店

1. 接听电话

项目名称	操作程序	说明/标准
接听电话姿势	(1)右手拿电话听筒下端，听筒靠近右耳，话筒离口部1厘米左右； (2)面带笑容，平视前方； (3)如要用笔记录电话内容，可用左手拿话筒，右手做记录。	(1)公共区域按标准站姿站立； (2)记录时身体弯曲30度即可。
接听电话	(1)铃响三声以内接听； (2)中英文报岗位。	语速不要太快，吐字要清晰。
通话	(1)语音甜美，问清客人要求，回复客人问题； (2)如需回复客人请认真记录客人要求，并复述客人所讲。	
挂电话	等待对方先挂电话。	轻挂电话。

17

图片来源:成都西藏饭店

2. 打电话

项目名称	操 作 程 序	说 明 / 标 准
打电话姿势	(1)右手拿电话听筒下端,听筒靠近右耳,话筒离口部 1 厘米左右; (2)面带笑容,平视前方; (3)如要用笔记录电话内容,可用左手拿话筒,右手记录。	(1)公共区域按标准站姿站立; (2)记录时身体弯曲 30 度即可。
打电话	(1)拨电话; (2)电话接通后,先报自己的岗位,再报自己的身份;	(1)确认电话号码; (2)拟好自己要讲的内容。
通话	(1)讲话内容紧凑,语言精炼; (2)讲话突出重点,简明扼要。	
挂电话	等待对方先挂电话。	轻挂电话。

第五章
预订服务

前厅部实训教程

酒店客房预订方式多种多样,团队客人、会议客人、散客可以根据情况确定预订方式,因此必须掌握各种预订操作流程,从而让酒店最大限度利用客房、开拓客源市场,提高酒店住房率和经济效益。

一、预订服务 ▶

1. 散客预订服务

项目名称	操 作 程 序	说 明/标 准
迎接客人	(1)微笑并向客人致意:"早上好/下午好/晚上好/先生/女士/小姐,有什么我可以为您服务的吗?" (2)如果此时正在接听电话,需目光注视客人,点头微笑,用手示意客人在休息处休息;如果正在接待其他客人,应点头微笑,向来客说:"先生/女士/小姐,对不起,请稍等!" (3)尽快结束手头工作,接待客人,并再次向客人致歉;如果手头工作一时完成不了,应先接待客人或示意其他员工尽快接待。 (4)如果客人是第一次入住酒店,应送上房间图文资料,请其选择。	
介绍客房	(1)根据客人需求,主动向客人推荐较高档次的客房: a. 客人指明房间种类时,应推荐该房类中最好的房间; b. 客人未指明房间种类时,应推荐符合其身份的最好房间。 (2)在电脑上查找客人需要的房间类型。	介绍客房可以采用三种方式:"夹心式"(适用中档消费客人)、冲击式(适用普通消费客人)、鱼尾式(适用高档消费的客人)。
询问并填写订房预订单	(1)逐项填写订房预订单:抵离店时间、房型、房间数量、房价、特殊要求等; (2)检查已填写的订房预订单,并逐项向客人复述,确认后签字。	

项目名称	操 作 程 序	说明/标准
送别客人	(1)告诉客人预订号,向客人讲解抵店后的登记手续; (2)礼貌送别; (3)感谢客人选择我们酒店,告诉客人保留预订房间的最后期限。	
整理资料, 录入电脑	(1)及时将预订信息输入电脑; (2)将订房预订单按要求放入预订资料架: a.存放之前应将预订交预订组领班审查; b.当月内预订按日期放入相应资料柜; c.次月以上的预订单按散客和团队分类保存。	

2. 团队预订服务

项目名称	操 作 程 序	说明/标准
询问、明确 团队情况并 填团队预订单	(1)团队姓名、住客姓名、国籍、身份、人数、抵离店时间、使用的交通工具、房间类别、数量、用餐类别、标准、时间; (2)付款方式、费用自理项目; (3)团队中的其他要求和注意事项。	
查核	(1)核实有关协议; (2)预订人身份、联系电话、单位名称。	核实要仔细。
复述、确认 预订内容	(1)复述、确认预订内容; (2)明确预订房间最后保留期限。	
处理预订资 料,录入电脑	(1)及时将预订信息输入电脑。 (2)将订房预订单按要求放入预订资料架: a.存放之前应将预订单交预订组领班审查; b.当月内预订按日期放入相应资料柜; c.次月以上的预订单按散客和团队分类保存。	

3. VIP 客人预订服务

项目名称	操 作 程 序	说 明/标 准
VIP 的分类	(1) A 类接待对象包括： a. 政府类、社会知名人士及能提高酒店知名度的重要客人； b. 上级领导机关的主要领导人； (2) B 类接待对象包括： a. 总经理邀请的重要客人； b. 其他知名人士、学者、其他酒店总经理等人员。 (3) C 类接待对象包括： a. 总经理邀请的普通客人； b. 酒店需要感谢或表示慰问的客人。	
核对 VIP 信息	接到 VIP 预订信息后，需要严格审定 VIP 级别、特殊要求等所有信息： (1) A 类以上 VIP 应请示总经理同意后才能办理； (2) 预订中涉及的特殊要求要向相关岗位询问能否完成，如有困难应向部门经理请示然后与客人协调。	
填写订房预订单	(1) 帮助客人填写订房预订单； (2) 检查已填写的订房预订单，并逐项向客人复述，确认后预订员与客人在预订单上签字。	
送别客人	(1) 告诉客人预订号，向客人讲解抵店后的登记手续； (2) 感谢客人选择我们酒店。	

项目名称	操作程序	说明/标准
处理预订资料,录入电脑	(1)及时将预订信息输入电脑。 (2)将预订单和相关资料存入VIP资料柜中。 (3)A类、B类以上的预订单和资料在整理完后要送总经理审核,批准后便分发至各部门;C类由部门经理签批。	

4. 电话预订服务

项目名称	操作程序	说明/标准
接听电话	(1)振铃三声以内接听电话; (2)问候客人:"早上/下午/晚上好"; (3)报部门:"您好,预订部,请问您有什么需要?"	语音甜美、语调适中。
聆听客人要求	(1)问清客人姓名、预订日期、数量、房型; (2)查看电脑房态。	重复客人所报信息。
推销客房	(1)介绍房间种类、房价; (2)询问客人公司名称; (3)查询电脑,确认是否属于合同单位,便于确定优惠价。	
填写订房预订单	询问并填写订房预订单:客人姓名、入住时间、房型、数量、订房人联系电话。	
询问客人付款方式	(1)询问客人付款方式,在预订单上注明; (2)公司或其他单位承担费用者,要求在客人抵达前电传书面信函,做付款担保。	

项目名称	操 作 程 序	说明/标准
询问客人 抵达情况	(1)询问抵达航班及时间； (2)向客人说明房间保留时间或建议客人做担保预订。	
询问客人 特殊要求	(1)询问客人是否有特殊要求； (2)详细记录并复述。	
询问预订人 或预订代理人	(1)询问预订人或预订代理人的姓名、单位、联系方式、电话号码； (2)做好记录。	
复述核对 预订内容	(1)日期、抵达时间； (2)房间种类、房价、数量； (3)客人姓名； (4)特殊要求； (5)付款方式； (6)代理人情况。	
询问	是否需要发订房确认书，并记录。	
向客人致谢	感谢客人选择我们酒店。	热情、真诚的向客人致谢。
挂电话	(1)等客人先挂电话； (2)如客人未挂,可询问:"请问还有什么可以帮助您的吗?"	
处理预订资料	(1)如果是当日预订,进行预分房,并输入电脑,备注栏信息尽可能详尽、全面； (2)预订单按要求放入预订资料架； (3)如需发确认书的要打印确认书,并在8小时内传给客人。	

5. 书面预订服务(信函、传真)

项目名称	操作程序	说明/标准
阅读传真/信函	(1)仔细读传真/信函,了解客人需要及客人情况; (2)如果客人函件不清楚或不完整,应立即联系客人,获取准确信息。	客人情况包括:预订人及客人姓名,联系电话,到店及离店时间,要求的房间类型及间数,房间价格及特殊要求。
查看房态及相关情况	(1)查看房间预订状态; (2)查看是否有重复预订; (3)查看是第一次入住还是常客; (4)查看是否有公司协议。	
回复传真/信函	(1)及时回复客人订房要求; (2)如客人订房要求不能满足,应立即向客人提出解决的建议。	
填写预订单	根据传真或信函的具体内容填写预订单。	
存档	(1)将传真/信函与预订单附在一起,按日期存档; (2)若客人预订信息有疑问可根据信函确认。	

6. 网络预订服务

项目名称	操作程序	说明/标准
查看房型	(1)接到网络预订要求后,查询预订日期房型出租状况; (2)如有符合客人要求的房间要做好相应记录。	

25

项目名称	操作程序	说明/标准
确定预订	(1)如果可以接受该预订,则需要网络订房中心以书面形式作为预订依据; (2)特别注意保留客房的时间以及是否提供付费担保。	
回复确认	所有网络中心订房需要回复传真予以确认。	
填写预订单	立即按规定填写预订单。	
记录存档	将传真与预订单附在一起,按日期存档。	

二、修改预订 ▶

1. 更改预订服务

项目名称	操作程序	说明/标准
查询原始预订	询问要求更改预订客人的姓名和原始到达,准确核对日期及离店时间等基本信息。	
确认更改项目	确认客人更改预订的项目。	
确认是否接受	(1)查询所更改日期的客房出租情况,如果有空房,可以接受客人更改要求; (2)填写预订单,记录更改预订人的姓名和电话。	
拒绝或等候预订	(1)如果客人需要更改的日期或房型,客房已满,应及时向客人解释建议等候电话通知; (2)若酒店有空房及时告知客人。	
书面更改	(1)填写更改预订单,不能在原始单据上修改; (2)如果预订涉及付款等重要信息,需请对方重新发送传真确认; (3)告知客人预订房间的最后期限。	

项目名称	操作程序	说明/标准
致谢	感谢客人来电。	
处理更改预订	(1)将原始预订单与更改预订单放在一起; (2)按日期归档; (3)通知相关部门。	

2. 取消预订服务

项目名称	操作程序	说明/标准
查询原始预订	接到取消要求后,询问客人需要取消的预订,准确核对客人的姓名、到达日期、离店日期等等; 找到原始预订记录。	
接受取消信息	确认无误后,记录取消预订代理人的姓名和联系电话。	
感谢客人通知	(1)感谢客人将取消预订的要求及时通知酒店; (2)告诉客人要做下次预订时及时通知我们即可。	
录入电脑	将取消预订的信息录入电脑。	
处理取消预订	(1)重新填写取消预订单,不能在原始单据上修改,在原始单据上盖"取消"章; (2)将原始预订单与取消预订单放在一起; (3)注明取消原因和时间; (4)按日期归档; (5)通知相关部门。	

3. 核对预订

项目名称	操作程序	说明/标准
检查所有预订	(1)逐一将电脑资料与预订单核对； (2)查看订单有无重做、漏做，信息是否相符； (3)房价是否正确； (4)如有VIP，查看各项信息是否正确。	
与客人核对	(1)至少在客人到店前两天(尤其是在旅游旺季)，通过传真或电话等方式在客人预订到店前与客人进行预订核对，若有变化及时更正； (2)凡有指定房号的预订和分好房号的预订，要再次复核房间状态，并通知总台或销售做好控房工作，发现问题，及时与总台、销售部、客房部联系解决。	

案例1：迈克(Mike)先生预订的房间出问题了

迈克先生通过某公司协议在酒店预订了一间豪华商务房住宿四晚，在前台办理入住时却被告知目前是旅游旺季，酒店豪华商务房间预订非常满，迈克先生只能在酒店入住三晚，如果第四晚还要继续入住可以换成价格略贵的豪华套房。迈克先生听完后大怒，他告诉总台，我委托公司预订的四晚豪华商务间，所以第四天我不会退房，也不会换房！

请思考

总台员工应该如何处理此事呢？

案例2：会务组房被使用了

一会议进店，销售员提前将名单提供给了总台，销售员告诉A员工，为会务组刘先生安排1118号房，其他房间由总台自己安排。随后销售员将会务组房号用短信发给了会务组所有人员。A员工在名单上记下了房号，但未在备忘录中交接此事，当客人陆续到店时，B员工把1118号房给了非会务组人员，等到会务组刘先生到后取钥匙才发现给了别的客人，总台立即为刘先生安排了其他房并致歉。

请思考

以后在工作中如何避免同样的问题发生？

第六章
前台接待

一、散客接待 ▶

酒店总台接待业务包括入住登记、问询、办理退房、为客换房等工作,作为饭店服务的关键步骤,每位员工应以训练有素的形象展现于客人面前。通过实训,应了解总台各项工作业务,掌握登记入住与退房工作流程。

图片来源:成都西藏饭店

图片来源:天之府温德姆至尊豪廷大酒店

1. 班前准备工作

项目名称	操 作 程 序	说明/标准
着装签到	(1)按规定着装,检查自己仪容仪表是否符合要求; (2)准时到岗,并签到。	(1) a. 着装:按各酒店要求着装,名牌佩戴在左胸;女员工穿肉色丝袜;皮鞋光亮或布鞋干净,均无破损。 b. 饰物:只能佩戴结婚戒指与手表,其余饰物均不能佩戴。 c. 双手:不留长指甲,不涂有色指甲油。 d. 妆容:女士化淡妆,男士不留胡须。 e. 发型:女员工不能染夸张怪异颜色,男士头发前不遮眉、侧不过耳、后不过领。
接班准备	(1)备齐资料、用具,摆放整齐,以取用方便; (2)熟悉当天的开房率和房间情况。	房间状况包括:团队、会议或VIP用房等。
交接班	(1)上班接待人员将接待工作情况交给接班人员,以便其了解遗留事项; (2)阅读交班记录本并签字; (3)熟悉当天到店的VIP身份、房间号码、抵离时间和喜好等; (4)处理遗留事项。	遗留事项包括:有等待空房换房的客人、核对预订客人到店时间、排房情况等。

31

2. 有预订客人的接待

项目名称	操作程序	说明/标准
确定预订	(1)询问客人是否预订"先生/小姐/女士,您好。有什么需要帮忙吗?请问您有预订吗?" (2)如果客人有预订,应回答:"请您稍等,我帮您查一下!" (3)根据客人提供的单位或姓名,在电脑上查找预订。 (4)与客人核对预订资料并查找核对:"您预订的是XX房,房价是XX元,预住XX晚。"	(1)面带笑容、语音甜美; (2)要有三次称呼客人姓氏。
登记验证	(1)请客人出示有效证件; (2)检验客人证件:照片、有效日期、真伪; (3)请客人填写"入住登记表",给客人以必要的提示; (4)审核客人是否填写清楚、完整。	有效证件:身份证、军官证、士兵证、旅行证、护照、台胞证、港澳通行证等。
确认付款方式及预付款	(1)询问付款方式,并确认; (2)在登记表上填写房价、付款方式; (3)如需客人交付预付款,根据酒店规定交付,作为其他消费的押金。	
交房卡,送客人进房间	(1)将房卡、证件、押金条交给客人; (2)由礼宾员引领客人到房间; (3)祝客人入住愉快。	双手递交物品。
资料存档	(1)按照登记表上的内容,将信息准确、快速输入电脑; (2)将登记表按规定放在指定位置。	

3. 无预订客人的接待

项目名称	操作程序	说明/标准
确定预订	(1)询问客人是否预订"先生/小姐/女士,您好。有什么需要帮忙吗？请问您有预订吗？" (2)询问预订客人需要的房型、数量、入住时间。	
推荐客房	(1)从电脑中找出符合客人需要的房间 从高到低推荐： A 若房型不符合要求,要推荐其他房型； B 若房价不符合要求,要尽力推荐价格稍高的房型； C 若不能提供住宿,表示歉意,尽力帮助客人在其他酒店订房。 (2)客人接受推荐,与客人确认。	
登记验证	(1)请客人出示有效证件； (2)检验客人证件：照片、有效日期、真伪； (3)请客人填写"入住登记表",给客人以必要的提示； (4)审核客人是否填写清楚、完整。	有效证件:身份证、军官证、士兵证、旅行证、护照、台胞证、港澳通行证等。
确认房型	(1)向客人确认房型、房价、离店日期； (2)在登记表中填写已确认的房号和房价； (3)在电脑上记录； (4)填写房卡,填写客人姓名、房号、抵离店的日期； (5)请客人在房卡上确认签名； (6)同时需要客人在登记单上签字。	

项目名称	操作程序	说明/标准
确认付款方式及预付款	(1)询问付款方式,并确认; (2)在登记表上填写付款方式; (3)如需客人交付预付款,根据酒店规定交付作为其他消费的押金。	
交房卡,送客人进房间	(1)将房卡、押金条、证件交给客人; (2)由礼宾员引领客人到房间; (3)祝客人入住愉快。	
资料存档	(1)按照登记表上的内容,将信息准确、快速的输入电脑; (2)将登记表按规定放在指定位置。	

4. VIP客人的接待

项目名称	操作程序	说明/标准
总台接到通知	(1)凡接到通知立即拟写VIP单并请礼宾员按VIP级别送往相关管理人员签字批准。 (2)礼宾员派发VIP单到相关岗位。 (3)非当日到店VIP在交接班本上做好记录。 (4)当日到店VIP: a. 总台准备VIP登记单; b. 做好VIP房间钥匙的准备; c. 了解结账方式; d. 根据入住登记单录入客人相关资料。	(1)VIP首要分送的岗位有客房部、餐饮部; (2)如其他岗得到通知,第一时间必须告诉总台。

项目名称	操作程序	说明/标准
抵店接待	(1)酒店领导在大厅门口迎接并称呼客人姓名和职务,问候客人; (2)将客人送至预分房间,要求礼宾员一起将行李送到房间。	VIP客人:通常可分为A、B、C三个等级: A. 需酒店所有总经理带领数个部门经理与大堂副理在门厅迎接; B. 至少需要一名总经理带领数个部门经理与大堂副理在门厅迎接; C. 至少两个部门经理与大堂副理在门厅迎接。
入住登记	(1)入住登记表放置在房间写字台上,并摆放欢迎信提醒客人须登记的项目; (2)将登记表可以填完整的信息填完整,如果是常客只需客人签名即可; (3)最后由跟房服务员收走交给总台。	(1)一般情况下都由对客服务关系主任帮客人填写,如果是经常到店的VIP只需要签字即可; (2)跟房服务员:客人离开时为客人房间清洁的服务员。
介绍酒店	(1)由专人向客人介绍客房及酒店内的设施设备; (2)告知客人可以提供帮助的内线电话号码; (3)向客人道别,预祝客人入住愉快。	介绍房间:根据不同类型客人作不同介绍。

项目名称	操作程序	说明/标准
信息存档	(1)复核有关资料的正确性,输入电脑; (2)标明客人 VIP 身份,引起其他部门的重视; (3)为客人建立档案注明身份作为日后查询的参考资料。	

5. 超额预订客人的接待

项目名称	操作程序	说明/标准
致歉	因超额预订而不能使客人入住,要诚恳地向客人道歉,请求客人谅解。	
联系同级酒店,安排入住	(1)立即与另一家相同等级的酒店联系,请求援助,同时,派车将客人免费送往这家酒店; (2)如有差价由酒店承担。	超额预订的原则要看预订是担保还是非担保,如果是担保预订那么酒店要承担全部房费。
接客人回酒店	(1)如客人还要续住,则店内一有空房,在客人愿意的情况下,把客人接回本酒店入住; (2)对客人表示欢迎(可由大堂副理出面迎接,或在客房内摆放花束等); (3)如客人属于保证类预订,则还应视具体情况,例如为客人提供以下帮助: a. 支付其在其他酒店住宿期间的第一夜房费,或客人搬回酒店后可享受一天免费房的待遇; b. 次日排房时,首先考虑此类客人的用房安排,大堂副理应在大堂迎候客人,并陪同客人办理入住手续。	为客人的补偿除鲜花、水果外,还可根据酒店的特殊情况给予相应补偿。

6. 散客离店

项目名称	操作程序	说明/标准
了解离店时间	查看房态,了解客人离店时间。	
核查客人消费	(1)收取客人房卡、钥匙,根据房号,通知楼层服务中心查房; (2)查看电脑账户信息,确认消费金额; (3)询问客人有无签单或客房内消费; (4)核查客人有无其他消费; (5)打印电脑账单,交与客人核对; (6)确认后,请客人结账。	账单核对一定要请客人签字确认。
结账	(1)在电脑上退房。 (2)收回房卡、钥匙。 (3)a.现付:收回押金条与电脑资料核对,多退少补并为客人提供发票; b.信用卡:按实际消费支付并为客人提供发票; c.挂账:按规定签字在账单上签字即可。 (4)感谢客人入住酒店。	
主动提供帮助	(1)主动提供行李服务; (2)如果客人同意则提供行李服务,如果客人拒绝,询问其是否需要出租车。	
感谢客人	感谢客人入住酒店,并欢迎下次光临。	
资料归档	把相关退房的资料和单子放到指定的位置。	

二、团队接待

图片来源：成都西藏酒店

1. 团队的接待

项目名称	操 作 程 序	说明/标准
抵店接待	(1)团队抵店时主动与领队或陪同联系，核对如下信息：预订房间数、人数、订餐、离店时间。 (2)若有变更，马上在分房表上做出修改： a. 如要增加房间，应尽力满足，就付款事宜联系销售部； b. 如要减少房间，应通知销售部确定收费标准； c. 如要增加陪同房，应按相关规定办理。 (3)把预分房表、房卡再与电脑核对一次，避免房间售错或房间有工程维修问题或房间是脏房，核对无误后交给领队。 (4)向导游或领队索取团队名单(包括姓名、证件号、证件类型等)。	

项目名称	操作程序	说明/标准
入住登记	(1)请导游出示有效证件； (2)检验团队名单填写完整性； (3)请团队导游填写入住登记表； (4)审核导游是否填写清楚、完整。	有效证件:身份证、护照、军官证、港澳回乡证/通行证、外国人居留证、台胞证等；
确认信息	(1)同导游确认付款方式: a. 现付:请导游预付押金； b. 挂账:请导游签字确认； c. 支票支付:现金支票或转账支票。 (2)跟导游确认:第二天早餐时间、叫醒时间、出行李时间、退房时间、联系电话,同时填写"团队入住通知单"。 (3)请导游确认后在"团队入住通知单"上签名。 (4)通知导游团队用餐地点。 (5)通知行李生引领客人进入客房。 (6)确定次日叫醒时间。	
通知相关部门	(1)电话通知下列部门有团队入住:总机、客房部、礼宾处、收银处； (2)将团队资料输入电脑； (3)将"团队入住通知单"原件放在指定位置。	

2. 团队离店

项目名称	操作程序	说明/标准
客人退房	(1)收取客人钥匙,根据房号,通知楼层服务中心进行查房,请客人稍等3~5分钟； (2)查看电脑账户信息,确认消费金额； (3)询问客人有无签单和使用客房内消费,如有,先报金额后送账单； (4)礼貌询问客人有无其他消费。	团队押金通常都很少,因此退房时查房都要仔细,避免漏单。

项目名称	操作程序	说明/标准
结账	(1)客人核对无误,房间没有消费,房内物品完好,即可离开。 (2)如有消费用现金结账:收取正确的现金金额,核查客人"预交定金凭单"金额与实际消费金额数,多退少补;退付差额现金时请客人在"现金支出单"上签字确认并主动呈递发票。	团队很少是现付,通常是走结或挂账,所以团员将房间除房费外的消费结清,钥匙交总台即可离开。

三、总台结账程序 ▶

1. 散客退房

项目名称	操作程序	说明/标准
确认客人退房	(1)请客人交回房卡、钥匙; (2)电脑上点击通知查房,还需电话通知客房中心迅速查房; (3)询问客人是否有房间mini-bar的消费;	(1)注意礼节礼貌,语音语调适中; (2)查房一般使用联网系统查房和人工报查房; (3)mini-bar就是房间内的小冰箱。
确认消费	(1)如客人有消费,开出清单请客人签字确认后输入电脑。 (2)如客人无消费,则可直接根据电脑金额打出账单请客人确认。 (3)请客人确认后签名。 (4)收款: a. 退客人现金或请客人补费用; b. 信用卡支付。 (5)款项结清,付给客人发票。	(1)客人进店时都会交押金,因此离店时可能会退现金; (2)如果进店时使用的是信用卡做的预收权,离店就用预授权确认。

项目名称	操作程序	说明/标准
账务处理	(1)与客人告别； (2)电脑账务处理。	

2. 挂账

项目名称	操作程序	说明/标准
确认客人退房	(1)请客人交回房卡、钥匙； (2)电脑上点击通知查房,还需电话通知客房中心迅速查房； (3)询问客人是否有房间内的 mini-bar 的消费。	(1)注意礼节礼貌,语音语调适中； (2)查房一般使用联网系统查房和人工报查房； (3)mini-bar 就是房间内的小冰箱。
确认消费	(1)有消费,开出清单请客人签字确认后输入电脑； (2)无消费,则可直接根据电脑金额打出账单请客人确认； (3)请客人确认后签名； (4)确认客人身份可否挂账,如果可以挂账,将账务转入相应公司。	挂账:一般根据公司信誉,先消费,后按约定时间统一付清款项。
账务处理	(1)电脑进行转账处理； (2)与客人告别。	

3. 会议、团队账务处理操作规程

项目名称	操作程序	说明/标准
及时入账	(1)根据会议资料,由各营业点前台接待员确认客人结算方式: a. 及时将会议使用的会租、横幅或POP等相关费用输入电脑; b. 录入结账方式是现付、支票、信用卡等; c. 走结、挂账团队和会议由允许签单人签字确认,前台将费用转入团队主账单即可。 (2)会议客人消费由夜审进行审核,以便结账时为客提供查询依据。	保证各项单据完整备查。
确认客人退房	(1)请客人交回房卡、钥匙; (2)电脑上点击通知查房,还需电话通知客房中心迅速查房; (3)询问客人是否有房间mini-bar的消费。	(1)注意礼节礼貌,语音语调适中; (2)查房一般使用联网系统查房和人工报查房; (3)mini-bar就是房间小冰箱,一般团队导游与会议主办方都会要求锁闭mini-bar,除非团队会议成员自行付房间押金才会开启mini-bar,否则消费后逃单机率很高。

项目名称	操作程序	说明/标准
会议结算	(1)会议结算时前台接待员应先确认房间是否已退完(未退的房间需与会务组确认退房时间,并进行跟踪); (2)汇集客人所有的消费,并将账单交会务组或团队导游确认,无误后根据预付方式进行结账。	一般结账方式有现付、挂账、走结(与挂账区别在于不回转至财务后台)、信用卡、支票。

4. POS机故障处理规程

项目名称	操作程序	说明/标准
POS机连接线正确性	(1)POS机电源、线路、打印机等线路在搭配时一次连接正确; (2)每台POS机必须配备带有开关电源插板,POS机开关时只需插板开关电源即可。	(1)无特殊情况不得随意拆卸POS机电源、线路等,以免连接出错,损坏设备; (2)专用电源插板不允许插接其他民用电器设备,对POS机终端电源,有条件的应使用UPS电源。
POS机日常清洁	(1)POS机应每日进行表面除尘; (2)严禁将纸屑、异物及水、油污等遗留在POS机终端、打印机上。	使用柔软干布加酒精擦拭。
POS机磁头的维护	POS机磁头是POS机终端正确读卡的重要部件,也是易损部件,磁头维护非常重要,应按以下方法使用维护: a. 严禁使用非银行卡的其他硬卡在磁头上拉划; b. 在银行卡划卡时应特别注意银行卡的正确方向; c. 在银行卡划卡时应特别注意划卡速度,不宜太快或太慢。	

项目名称	操作程序	说明/标准
POS机一般故障处理	(1)开机后无反应:电源是否连通或电源插头松动,检查电源及POS机电源插口; (2)显示无效卡号:刷卡不标准或磁条信息损坏,告知持卡人可能是银行卡消磁,建议到银行修复; (3)显示"PIN格式错":密码键盘的密码错误,联机签退后再签到; (4)显示"MACC验证错":银行密码错误,联机签退后再签到; (5)显示"请检查电话线路"或"中心线路忙请稍后":电话线路未连接好或电话线路故障或其他POS机正在使用该电话线路,对于串接有电话机的还应检查话机"防盗打"开关是否关闭; (6)显示"文件写出错":POS机未能做扎账处理; (7)显示"请先扎账",但无账可扎:POS机程序错误,通知POS机签约银行维修; (8)扎账时与平台账不等:前一天扎账打印结算单后未等到POS机签退已关机,未能清除历史记录,不影响正常交易,但扎账后最好等待POS机自动签退; (9)开机显示:"文件系统错误,无法恢复":POS机程序出错,通知POS机签约银行维修; (10)显示"请与信用卡中心联系":POS机参数错误,通知POS机签约银行维修; (11)交易成功未打单:打印机故障,检查打印机是否卡纸,排除故障后,使用"重打印"补打凭证。	(1)扎账:每班交接时会按扎账显示一段时间的业务交易情况; (2)重新打印也是为了让客人放心,告知交易未成功; (3)刷卡正确姿势:将卡在刷卡磁糟上平稳、均匀划过。

四、其他

1. 客人提前到达或延期续

项目名称	操 作 程 序	说 明／标 准
散客订房 提前到达	(1) 在电脑中找出客人的预订,更改抵店日期; (2) 按有订房的接待程序为客人办理入住登记手续; (3) 到接待处取出客人订单与登记资料订在一起,经检查后放入相应的客账夹; (4) 对于费用由公司或其他人付的客人先到,应事先与其公司或他人确认清楚; (5) 如当天房间已满,应礼貌委婉地向客人解释,并介绍他们到相同等级的酒店。	更改日期请一定要结合那天的房间销售状况。
延迟退房	(1) 酒店的退房时间为中午十二点前,在订房不紧张的情况下,可允许客人延迟至一时退房,如客人要求延至更迟的时间退房,应获值班经理、销售经理等管理人员的批准,否则,延迟退房将按规定收取半天或全天费用; (2) 在接受延迟退房时要先看该房是否已被其他客人预订才能答应客人; (3) 更改钥匙卡的有效时间,在电脑备注栏注明延迟退房时间。	延迟退房根据自己酒店用房情况办理。

项目名称	操 作 程 序	说明/标准
续住	(1)查看房间出租情况,有房情况下可以答应客人,同时还要查续住期间该房间是否已被预订,如有则视实际情况请客人换房或转换订房; (2)与客人确认付款方式及房价,一般散客续住要检查押金是否足够,旅行社散客或团队中个别客人续住要向客人说明房价的不同,并请客人交付押金; (3)更新房卡、钥匙、电脑资料以及登记资料; (4)对于费用由公司或其他付费人支付的客人晚退房,应事先与其公司或其他付费人确认清楚; (5)如果续住涉及房价变更的,要填写《房价变更通知单》,经支付房费的客人签名后于前台收银存档。	

2. 换房服务

项目名称	操 作 程 序	说明/标准
一般散客换房	(1)礼貌地问清楚换房原因,如是客人对房间设施不满意的,要向客人表示歉意;如果客人换房是因为客房设备出现故障,要立即将情况通知客房部维修。 (2)先查看电脑是否有房可换,如有同类房间立即为客人更换。 (3)如没有空房可换,向客人表示歉意,并记录客人要求,一旦有空房立即为客人安排。 (4)如房间变动,及时修改电脑资料以及登记资料。 (5)填写《房价变更通知单》,如果换房引起房价调高的,要请客人签名确认,《房价变更通知单》分送总机房、收银处和客房部,一联存档,一联放入相应的资料夹。 (6)将客人资料从原房号的资料夹取出,放入新房号的资料夹。	

项目名称	操 作 程 序	说明/标准
VIP客人换房	(1)如客人到达前需换房,要通知各相关部门,如总机、礼宾部、客房部、保卫部、餐饮部总经理等; (2)更新资料:包括电脑、欢迎卡、钥匙、信封等; (3)入住后换房按一般散客换房程序操作,但一般应通知大堂副理帮客人换房。	
团队客人的换房	(1)团队到达前换房,要电话通知行李部和客房部; (2)更新资料:包括电脑、欢迎卡、钥匙、信封、餐券等; (3)入住后换房,按一般散客换房程序操作,如果换房引起房费调高,而费用由团队支付的,要请团队负责人签名确认,换房信息如涉及出行李和用早餐的要同时通知礼宾部和餐饮部(或指定餐厅); (4)及时通知领队房号已更改。	

3. 兑换外币

项目名称	操 作 程 序	说明/标准
适用范围	酒店对住店客人提供外币兑换服务。	
可兑换外币币种	根据酒店星级决定币种。	

项目名称	操作程序	说明/标准
外币现钞兑换	(1)辨认客人所持外币币种是否属于酒店受理的外币,辨认外币真伪,查看有无破损; (2)请客人填写《兑换水单》的内容包括:客人姓名、护照号码、房号、日期、时间、币种、国籍及兑换数额; (3)核对客人所填写《兑换水单》的内容中所持币种和金额是否一致; (4)根据当天汇率,计算兑换金额,填在《兑换水单》上; (5)将应付给客人的人民币和《兑换水单》客人联交给客人; (6)将外币和《兑换水单》存放在一起。	

4. 贵重物品寄存

项目名称	操作程序	说明/标准
适用范围	酒店对住店客人提供的贵重物品寄存服务。	(1)前台接待员负责为客人办理贵重物品存、取服务; (2)保卫部负责对贵重物品存取工作进行监督。
办理寄存手续	(1)客人凭有效房卡,可使用保险柜; (2)前台接待员根据客人寄存物品的尺寸,为客人选择相应的保险柜; (3)贵重物品寄存室的钥匙及钥匙箱的钥匙由前台保管; (4)请客人在等候台填写贵重物品存放单。	易燃、易爆、易腐物品不予寄存。

项目名称	操 作 程 序	说明/标准
寄存贵重物品	(1)前台接待员存取贵重物品时拿钥匙同客人一道进入贵重物品寄存室； (2)两把钥匙同时开启保险柜。	贵重保险柜通常用两把不同钥匙同时开启一道门。
交接钥匙	(1)物品存完后,锁好保险柜柜门,将客人钥匙、《贵重物品存放单》第二联交客人； (2)并提醒管人保管好钥匙,若遗失需赔偿。	客人存取物品都必须由总台留存钥匙与客人钥匙同时开启。

5.无干净房提供给预订客人

项目名称	操 作 程 序	说明/标准
无净房产生的原因	(1)客人到店较早,没有干净房可提供； (2)客人退房后,脏房还没来得及打扫。	(1)客人对客房的第一印象至关重要； (2)酒店严禁将脏房安排给抵店的客人。
接待	(1)就无净房引起的不便向客人表示歉意； (2)请客人到休息区休息,查询情况后给其回复。	
联系客房部	(1)立即与客房部联系,请客务抢扫客人所订或所需的房间并问清可以完成的时间； (2)根据所抢扫的房型告知客人何时(一般应以客房部提供的时间晚10分钟为标准)可以进入房间； (3)为客人办理入住手续,并将做好的钥匙存留在总台待房间干净后再将钥匙交给客人； (4)如果客人外出执意要将钥匙带走,委婉地作好解释。	(1)抢房:立即让客房清扫； (2)应保证客人拿到钥匙可以进入房间,所以不能将脏房钥匙给客人。

项目名称	操 作 程 序	说明/标准
安排等候的客人	(1)根据客人具体情况或要求,按饭店有关规定灵活处理(如为客人提供免费寄存行李,或请客人在休息区稍候,或请客人到酒吧稍候,为其提供免费冰水或茶水); (2)当房间准备好后,应立即通知客人并为其办理入住手续; (3)若房间不能如期交给客人,应立即与客人联系,讲明原因,取得谅解并告知新的时间并记录不能如期的原因,及时反馈给管理人员; (4)如果确实为满房,应帮助客人预订其他酒店的客房。	有预订的客人无房住,为其联系其他酒店,交通费都应由本酒店支付。

五、总台查询

1. 访客在总台查询客人

项目名称	操 作 程 序	说明/标准
核对客人姓名	(1)请访客报客人全名; (2)在电脑中核实客人姓名。	注意:不要在总台告知访客客人的房号,以防他人窃听。
拨通客人房间电话	(1)如信息相符,则拨打房间电话,拨打后礼貌问候客人并将电话递给访客; (2)如果客人不在房间,则请访客留下姓名及联系方式,由总台给客人留言。	只报房号查询客人的拒查。
客人姓名无法查到	(1)如果访客所报姓名在总台无登记,礼貌告知访客; (2)可婉转提醒访客,客人可能是由别人代为登记开的房,所以查不到。	

2. 访客电话查询客人

项目名称	操作程序	说明/标准
核对客人姓名	(1)请访客报客人全名； (2)在电脑中核实客人姓名。	注意:不要在总台告知访客客人的房号,以防他人窃听。
拨通客人房间电话	(1)如相符,请访客等待,用另一部电话拨打房间电话,征求客人是否接听电话或告知房号； (2)如果客人不在房间,则请访客留下姓名及联系方式,由总台给客人留言。	只报房号查询客人的拒查。
客人姓名无法查到	(1)如果访客所报姓名在总台无登记,礼貌告知访客； (2)可婉转提醒访客,客人可能是由别人代为登记开的房,所以查不到。	

案例1:总台开重房

客房员工在中午清房时,发现预退的615号房无人无行李,便通知大堂副理,大堂副理让总台将房间挂账,担心客人返回故做了一个原房的预订,但总台员工将此事忘记了,下午又将615号房出售给了散客。晚上,前一位615号房的客人回来,发现房卡打不开门,就到总台做钥匙,总台员工查了一下房卡,确认是615的号房,而且615号房就是住人房,就直接为客人做了钥匙,进了房间发现行李不是他的,才到总台询问原因,总台才发现是开重房间了,便立即向客人致歉,并为此客人换了一间房。

请思考

总台员工工作出现了哪些问题?

案例2:关于总台员工与导游争执一事

3月初的一天,一旅行社导游带领客人到总台取钥匙,当时总台的员工均在接待其他客人。这时一位女员工便拿出提前准备好的团队单与电脑核对,

51

并同时将团队的手工账单与导游确认，并请导游签字，而导游拒签并拍桌子让女员工快点把钥匙给他，此时，总台的一位男员工见导游的态度如此不好，便走过去，并告知导游"请稍等，我们检查一下就给你。"导游一听更是不高兴，对总台员工吼到"你们早干嘛去了！"总台男员工便告知其团队流程，导游也不再理会，仍对女员工吼着，总台男员工因此便与导游争吵起来，后经总台管理人员及大堂副理的及时跟踪处理此事才得以解决。

请思考

你作为大堂副理该如何处理此事？总台员工应该怎样避免同类事件发生？

第七章
商务服务

酒店商务中心是为客人提供打字、上网、复印、传真、翻译等服务的岗位，先进的服务设施与高素质的服务人员是商务中心服务质量的保证，实训者只有通过实训才可以掌握商务中心各项基本服务技巧和服务流程。

图片来源：成都西藏酒店

一、对客服务 ▶

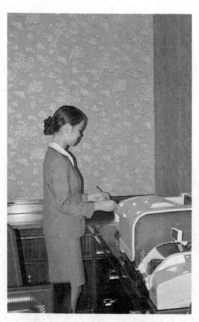

图片来源：天之府温德姆至尊豪廷大酒店

1. 传真服务

项目名称	操作程序	说明/标准
迎接客人	(1)当看到客人走入商务中心时,当班员工应起立走到服务台外迎接客人。 (2)面带微笑并向客人问好:"早上好/中午好/晚上好！先生/小姐,请问有什么需要帮忙的吗?" (3)如当时正在忙碌: a. 正在接听电话(手握住话筒的中下部,放在耳朵上,不允许将话筒夹在颈部)必须向客人点头微笑,用目光示意客人稍候,并用手势提示客人请坐; b. 正在处理另一件事,当客人到达时,应向客人问好:"先生/女士,请稍候。"同时应尽快结束手中工作,接待客人,并再次致歉:"先生/女士,对不起,让你久等了。" c. 手中工作一时难以完成时,应先接待客人或示意其他员工接待客人。	面带微笑。
发送传真服务	(1)主动迎接客人,介绍收费标准,了解传真的有关信息,问明发往的国家和地区; (2)检查客人是否已将传真号码、姓名等内容填写清楚; (3)核对客人交给的稿件,输入传真号码按键发送; (4)传真发出之后,将发出报告单与原件一并交与客人; (5)办理结账手续; (6)向客人致谢道别。	迎接客人按以上提及迎接流程操作。

项目名称	操 作 程 序	说明/标准
接收传真服务	(1)接到对方要求后,发出可接收的信号进行接收; (2)收到传真后,核对收件人的姓名并在电脑中查询,填写传真接收记录; (3)通知客人取件,或派礼宾员送至客人房间:将传真及传真收费单交给礼宾员,请礼宾员在传真取件单上签名,由礼宾员交给客人,并请客人付款或在收费通知单上签名; (4)办理结账手续; (5)向客人致谢道别。	

图片来源:天之府温德姆至尊豪廷大酒店

2. 打印服务

项目名称	操作程序	说明/标准
迎接客人	(1)当看到客人走入商务中心时,当班员工应起立走到服务台外迎接客人。 (2)面带微笑并向客人问好:"早上好/中午好/晚上好!先生/小姐,请问有什么需要帮忙的吗?" (3)如当时正在忙碌: a. 正在接听电话(手握住话筒的中下部,放在耳朵上,不允许将话筒夹在颈部)必须向客人点头微笑,用目光示意客人稍候,并用手势提示客人请坐; b. 正在处理另一件事,当客人到达时,应向客人问好:"先生/女士,请稍候。"同时应尽快结束手中工作,接待客人,并再次致歉:"先生/女士,对不起,让你久等了。" c. 手中工作一时难以完成时,应先接待客人或示意其他员工接待客人。	(1)面带微笑; (2)原则上不对店外客人服务。
核对打印稿件	(1)礼貌询问客人打字要求及特殊格式; (2)大致浏览稿件内容,不明之处马上提出。	
打印稿件	(1)按要求打印稿件; (2)打印完毕后与原稿核对内容。	若客人要求自己打印,为其开机。
校稿	(1)请客人亲自校审; (2)按客人要求进行修改,将稿件打印出来后进行装订并双手递与客人。	
结账	根据打字张数收取费用或请客人签单。	
送客	起立、微笑、点头向客人道别:"先生/女士/小姐,再见。"	

3. 复印及装订服务

项目名称	操 作 程 序	说 明 / 标 准
迎接客人	(1)当看到客人走入商务中心时,当班员工应起立走到服务台外迎接客人。 (2)面带微笑并向客人问好:"早上好/中午好/晚上好！先生/小姐,请问有什么需要帮忙的吗?" (3)如当时正在忙碌: a. 正在接听电话(手握住话筒的中下部,放在耳朵上,不允许将话筒夹在颈部)必须向客人点头微笑,用目光示意客人稍候,并用手势提示客人请坐; b. 正在处理另一件事,当客人到达时,应向客人问好:"先生/女士,请稍候。"同时应尽快结束手中工作,接待客人,并再次致歉:"先生/女士,对不起,让你久等了。" c. 手中工作一时难以完成时,应先接待客人或示意其他员工接待客人。 (4)主动向客人介绍资费。	(1)面带微笑; (2)原则上不对店外客人服务。
核对复印稿件	(1)礼貌询问客人复印要求及特殊格式(纸张大小、分数、张数等); (2)大致浏览稿件内容,不明之处马上提出。	
复印稿件	按客人要求复印稿件。	
校稿	(1)请客人亲自校审; (2)按客人要求进行修改,将稿件复印出来后进行装订并双手递与客人。	
结账	根据打字张数收取费用或请客人签单。	
送客	起立、微笑、点头向客人道别:"先生/女士/小姐,再见。"	

4. 网络服务

项目名称	操 作 程 序	说明／标准
迎接客人	(1)当看到客人走入商务中心时,当班员工应起立走到服务台外迎接客人。 (2)面带微笑并向客人问好:"早上好/中午好/晚上好！先生/小姐,请问有什么需要帮忙的吗?" (3)如当时正在忙碌: a. 正在接听电话(手握住话筒的中下部,放在耳朵上,不允许将话筒夹在颈部)必须向客人点头微笑,用目光示意客人稍候,并用手势提示客人请坐; b. 正在处理另一件事,当客人到达时,应向客人问好:"先生/女士,请稍候。"同时应尽快结束手中工作,接待客人,并再次致歉:"先生/女士,对不起,让你久等了。" c. 手中工作一时难以完成时,应先接待客人或示意其他员工接待客人。 (4)主动向客人介绍资费。	(1)面带微笑; (2)原则上不对店外客人服务。
设备准备	(1)插电源,运行设备; (2)快速准确地登录网站方便客人使用。	
计时	告诉客人计时开始。	
收费	(1)询问客人签单还是付现金; (2)如客人签单,需请客人出示有效房卡核对客人身份; (3)核对确认后,准备账单请客人签字确认。	确认重点: (1)是否是酒店住店客人; (2)是否有余额。
记录	做好记录,当班员工签字确认。	

5. 特快专递服务规程

项目名称	操作程序	说明/标准
迎接客人	(1)当看到客人走入商务中心时,当班员工应起立走到服务台外迎接客人。 (2)面带微笑并向客人问好:"早上好/中午好/晚上好！先生/小姐,请问有什么需要帮忙的吗?" (3)如当时正在忙碌: a. 正在接听电话(手握住话筒的中下部,放在耳朵上,不允许将话筒夹在颈部)必须向客人点头微笑,用目光示意客人稍候,并用手势提示客人请坐; b. 正在处理另一件事,当客人到达时,应向客人问好:"先生/女士,请稍候。"同时应尽快结束手中工作,接待客人,并再次致歉:"先生/女士,对不起,让你久等了。" c. 手中工作一时难以完成时,应先接待客人或示意其他员工接待客人。 (4)主动向客人介绍资费。	(1)面带微笑; (2)原则上不对店外客人服务。

项目名称	操 作 程 序	说明/标准
接受并为客办理	(1)礼貌询问客人要寄往的国家/地区; (2)为客人递上《国际/国内特快专递邮件详情单》,请客人先仔细阅读背面的使用须知; (3)征得客人同意后,与客人共同检查所寄资料是否是禁寄品及其尺寸; (4)将特快登记单交客人亲自填写; (5)检查填写的详情单是否准确详尽,不妥之处必须补全; (6)当着客人的面按要求将邮件封好并贴上详情单; (7)验看邮件的重量,按邮局规定计收邮费,准确填写在详情单上,代办人签名; (8)要求为客人出示票据,一般均要现付。 (9)起立向客人致谢并道别。	禁寄品:按照邮局规定,例如: ①有爆炸性、易燃性、腐蚀性、毒性和放射性等各种危险物品,如雷管、火药、爆竹、汽油、酒精、火油(煤油)、生发水、火柴、生漆、农药、稀土粉、位素及容器、鸦片(包括罂粟果、花、苞)吗啡、可卡因、海洛因、强烈的酸性和碱性物品等;②国家法律法规规定禁止流通或寄递的物品,如军火、警具、金银等;③妨碍公共卫生的物品,如尸骨、骨灰(国际邮件不包括附有证明的骨灰)、动物器官、肢体或骨骼、未经硝制的兽皮;等等。
资料处理	(1)《国际特快专递邮件详情单》一式五联,包括:名址联、收寄局存、海关联、寄件人存、收件人存;《国内特快专递邮件详情单》一式三联,包括:投递局存、收寄局存、寄件人存。 (2)每次办理完毕后,将"寄件人存"的详情单交给客人。 (3)保存《特快专递邮件收据》的某一联。	

二、复印机保养

复印机日常保养

项目名称	操 作 程 序	说明/标准
原稿盖板	(1)用棉布或干净的软质丝绸布进行擦拭； (2)必要时用适量清洁剂。	
曝光玻璃	(1)用棉布擦抹； (2)可以加点玻璃清洁剂。	必须用干棉布。
充电电极	用手指扣住充电电极的环扣，来回推拉数次，让充电丝清洁器把电极丝上沾有的墨粉及灰尘抹掉。	
转印电极/分离电极	(1)从机内抽出连在一起的转印及分离电极； (2)用带毛刷的吹风球扫掉附在电丝及两端支架上的墨粉，然后用干净软布清洁。	
易被墨粉污染的机内部位	(1)清扫显影装置及清洁器落在机座内的墨粉； (2)擦抹纸张传送带及定影装置的入口导板等部位。	
定期保养	复印机的定期保养及故障通知需由签约维修公司专业人员完成。	

第八章
礼宾服务

礼宾岗位是酒店的橱窗,礼宾员的形象往往代表了整个酒店的形象,这是客人接触酒店的第一环节,也是让客人留下深刻印象的地方。因此,掌握礼宾各项服务流程是非常重要的。

图片来源:成都凯宾斯基饭店

一、礼宾服务 ▶

1. 散客迎宾服务

项目名称	操作程序	说明/标准
客人步行到店	(1)礼宾员应向客人点头致意,并致欢迎词"欢迎光临本酒店",同时用手示意客人进入大厅; (2)礼宾员(门童)为客人拉开酒店正门; (3)如果客人携带行李,礼宾员应主动帮助客人提取行李。	

第八章 礼宾服务

项目名称	操作程序	说明/标准
客人车辆抵店	(1)礼宾员把车辆引导到客人容易下车的地方,一般是正门前的台阶下方; (2)汽车停稳后,门卫应打开车门,如果客人乘的是出租车,应等客人付费完毕后,再把车门打开,然后热情地向客人致意问候; (3)对常客应努力记住客人姓名,以示尊重,开门时,为客人护顶,防止客人碰伤头部; (4)开完车门后,如果客人有行李,礼宾员应帮助客人把行李卸下,并提醒客人清点行李,然后引导车辆离开,或用手招呼礼宾员来卸行李; (5)下雨天礼宾员替客人开门后进行打雨伞服务; (6)记录下客人乘坐的出租车车牌并交与客人。	
客人离店	(1)当客人步行离店时,礼宾员应与客人道别,并欢迎他们再次光临,说些告别祝福的话语,如:一帆风顺,欢迎再次光临等; (2)对乘车离店的散客,礼宾员要把车引至便于客人上车又不妨碍装行李的位置,待礼宾员将行李全部装上车且客人确认行李件数后,拉开车门,请客人上车,护顶,等客人坐稳后再关车门(注意不要夹伤客人或夹住客人的衣、裙等); (3)送别客人时要怀着感激的心情,站在汽车斜前方0.8~1米位置,挥手向客人告别,目送客人,以示礼貌; (4)记录下客人离店时所乘坐的出租车车牌并交与客人。	

图片来源:天之府温德姆至尊豪廷大酒店

图片来源:天之府温德姆至尊豪廷大酒店

2. 团队迎宾服务

项目名称	操作程序	说明/标准
迎接团体客人	(1)团体大客车到店前,礼宾员要做好接车的准备工作; (2)车子停稳后,礼宾员应在汽车门一侧站立维持交通秩序,迎接客人下车,对一般客人要点头致意并问好,扶助行动不便的客人下车。	
帮助客人提行李	(1)对随身行李多的客人,应帮助客人将行李码放在行李车上以便送至客房; (2)客人下车完毕后,礼宾员要示意司机把车开至停车库或团队专用停车场。	
团体客人离店	(1)送别团体客人时,礼宾员站在车门侧面,一边点头致意,一边注意客人的上车过程; (2)如发现行动不便的客人,扶助其上车; (3)客人上车后,导游通知礼宾员,人已到齐,礼宾员示意司机开车; (4)若是大客车,礼宾员应站在车的斜前方1～1.5米处,向客人挥手道别,目送客人离店。	

图片来源:成都西藏饭店

3. 进店时行李服务

项目名称	操作程序	说明/标准
客人抵店时的行李服务	(1)客人抵达酒店时,礼宾员为其打开车门,向客人问候致意,并询问是否携带行李; (2)由礼宾员将客人行李从车上卸下,并向客人确认数量及是否有贵重或易碎物品(包括相机、笔记本电脑、名贵瓷器、名酒等); (3)凡客人携带行李超过两件以上,均须使用行李车; (4)如果几批客人同时抵店,必须有序地为客人服务并做好行李的区分工作(如分开放置或吊挂行李牌等)。	
引导客人登记	(1)引领客人至前台接待处进行住店登记,并在客人的行李上吊挂行李牌,行李牌填写内容为:日期、时间、服务内容、行李件数、车牌号、礼宾员签字; (2)客人办理住店登记手续时,应该携行李在客人身后1.5米处等候,直到客人办理完住店手续; (3)待住店手续完成后,礼宾员从前台接待员手中接过房间钥匙,引领客人至客房(若客人有携带随身小包或密码箱之类,则无需勉强客人接受行李服务)。	

第八章 礼宾服务

图片来源：成都西藏饭店

4. 客人离店时行李服务

项目名称	操 作 程 序	说明/标准
客人打电话要求取行李	(1)当客人将要离店打电话要求收取行李时，礼宾员需问清楚客人房间号码、行李件数和收取行李时间； (2)礼宾员在散客离店登记单上填写房间号码、时间、行李件数，并根据房间号码迅速去取客人行李。	
到房间取行李	(1)在三分钟之内到达客人房间，轻敲三下告知客人"行李服务"； (2)待客人开门后，向客人问候，和客人一起确认行李件数，并帮助客人检查是否有遗留物品； (3)礼宾员把客人行李放置在行李台旁边，站在礼宾台一旁等候客人； (4)询问客人是否需要出租车，如需要立即为客人预约出租车。	

项目名称	操作程序	说明/标准
送客人离店	(1)确认客人已付清全部房费办理完离店手续后,引导客人出店,帮助客人将行李放入车内; (2)为客人打开车门,请客人上车; (3)向客人礼貌告别"欢迎您下次再来"; (4)待送完客人后,回到行李台登记房号、行李件数、时间。	上车时再次与客人确认行李件数避免漏掉客人行李。

5. 换房行李服务

项目名称	操作程序	说明/标准
通知换房	(1)基于各种情况,住店客人需要换房,由行李部提供将客人行李及其他物品运至新房间的服务; (2)礼宾员接到前台换房通知后,至前台领取《换房单》、新房间的房卡及钥匙。	
到客人房间取行李	(1)礼宾员推行李车至客房; (2)到达客房门口时,轻按门铃两次,同时自报身份; (3)待客人开门后,主动向客人问候并告知来意; (4)询问客人是否已将行李或其他物品全部整理完毕,并将客人行李及物品装车; (5)准备离开前,提醒客人再次检查房间,以免有任何物品遗漏; (6)轻关房门,引领客人去新的房间。	

第八章 礼宾服务

项目名称	操作程序	说明/标准
到新换的房间	(1)轻按门铃两次,自报身份,然后为客人打开房门。 (2)开门后,首先应接通房间的总电源,然后请客人先进房。 (3)进房以后,将大件行李放在行李架上或按客人要求放置,外套挂入衣柜。 (4)向客人确认对新的房间是否满意。 (5)向客人取回原来的房卡和钥匙,并让客人在《换房单》上签字。 (6)若客人提出其他要求,应尽量满足;若自己无法办到,不要马上拒绝客人,联系领班予以解决。 (7)向客人道别,祝客人"住店愉快"!	
回到总台	(1)回到总台,将《换房单》、原房卡和钥匙交总台; (2)回礼宾台,将此服务记录,记录内容为:日期、房间号码、服务内容、行李件数、开始时间、结束时间、车牌号、礼宾员签字、备注。	

6. 长期行李寄存服务

项目名称	操作程序	说明/标准
检查行李时效	检查要存放物品是否超出行李部行李寄存范围。	一般1个月以上都叫长期。
办理寄存手续	(1)从客人手中接下行李,检查行李是否上锁、破损; (2)询问并填写行李寄存牌,填写内容为:寄存日期及时间、客人姓名及房间号码、行李件数、领取日期、礼宾员签字、客人签字、特殊要求; (3)提醒客人寄存最长期限及相关事项。	寄存最长期限:酒店根据实际情况制定,如半年不领取者酒店有权处理等(一定要告知客人)。

项目名称	操作程序	说明/标准
登记	(1)将行李寄存牌上联吊挂在行李上,下联交到客人手中,并提醒妥善保存及阅读背面的行李寄存条件; (2)将行李存放至行李房指定位置; (3)将该次行李寄存服务登记在《长期行李寄存记录》上。	

7. 行李领取服务

项目名称	操作程序	说明/标准
行李领取服务	(1)礼貌地收回客人寄存行李牌的下联收据; (2)礼貌地向客人询问行李的颜色、大小及存放时间,以便查找; (3)根据收据上的编号,翻查行李存放登记本,找到行李,如果查找有困难,可请客人帮助查找; (4)把行李取出后,交给客人核实,确认后撕掉行李上的寄存牌和客人的寄存收据,划去行李存放登记本上的原始记录; (5)帮助客人将行李搬运出店或送到房间; (6)如遇客人遗失收据,应报告当班领班,通过检验客人身份,核实无误后,方可领取。	

8. 带客进房

项目名称	操作程序	说明/标准
问候客人	(1)当客人抵店时,为客人开门,称呼客人。	微笑、热情。
协助客人拿行李	协助客人提拿行李,并引领至前台,办理入住手续。	站在客人左或右后方,能让客人余光看见,与客人保持1.5米左右的距离。

第八章 礼宾服务

项目名称	操作程序	说明/标准
等待客人办理手续	在客人办理入住手续时,在旁边等候。	要有耐心。
搬运行李	(1)搬运行李并引领客人去房间; (2)引领客人搭乘电梯,一只手按电梯键,开门后,用手挡着门,请客人先进电梯; (3)电梯到达后,一手按开门键,一手挡住门,请客人先下电梯。	与客人距离1米左右。
引领进房间并安置行李	(1)引领客人到房间门口,开房门,打开电源开关; (2)请客人先进房间; (3)行李生将行李放在行李架上; (4)向客人介绍房间内设施、使用方法等。	熟悉客房设施设备,并能及时发现问题。
跟客人告别	离开时,询问客人是否有其他要求,并祝其居住期间愉快。	面向客人,微笑点头告别。

图片来源:成都西藏饭店

9. 物品转交服务

项目名称	操作程序	说明/标准
接到客人要求	(1)告知客人贵重物品(香烟、名酒、现金、车钥匙、电脑、名贵药材)、易碎物品、危险品等不予转交； (2)转交物品的双方中必须有一方是住店客人。	
填写通知单	(1)填写《转交物品通知单》，一式两联； (2)详细记录收件日期及时间、留件人姓名、房号、联系方式、取件人姓名、房号、联系方式等，在留件详情及描述中详细记录转交物品内容； (3)客人确认取件人取件方式，如：凭身份证、手机号、姓名、房卡等； (4)告知客人取件人必须在×天内领取物品，逾期不予保管。	
验收物品	(1)双方交接物品、按填写内容进行物品清点，双方签名确认； (2)当客人面将物品封存并将转交单一起贴在表面封存后存放。	
保管	(1)妥善保管转交物品，将物品放入转交物品柜内并做好记录、交接； (2)各班交班后检查物品封存情况是否完好。	
取件	(1)当取件人领取时，按留件人确认的取件方式办理，请取件人清点物品并签名确认后，将物品交给取件人； (2)礼宾员记录取件日期及时间并签名。	

第八章 礼宾服务

项目名称	操 作 程 序	说 明 / 标 准
逾期未取	如果客人逾期未取,根据客人留下的联系方式进行联系,根据客人要求进行处理: (1)如果客人不要物品了,物品由礼宾部主管、部门质检主管、保卫部主管共同进行处理,并在物品转交单上签名确认。 (2)客人要物品:请其在×天内领取,并告知逾期不予保存;如果客人仍未领取,物品转交给保卫部处理。	

10. 打包服务

项目名称	操 作 程 序	说 明 / 标 准
接通知	接到客人要求打包的通知时,要注意问清客人姓名、房号、行李件数、打包时间。	
准备	(1)检查打包机、打包带、打包扣、玻璃绳、封口胶、剪刀、夹钳、小刀、毛巾(垫布)、打包箱等工具是否完整; (2)按客人要求准时到达客人房间。	
打包	根据客人要求为客人打包,询问客人: (1)包内是否有易碎物品; (2)打包松紧程度; (3)打包方式,是否需提手。	
离开	(1)打包完成后,询问客人是否还需要其他帮助,是否需将包先送到礼宾台处; (2)若不需送到礼宾台处,应向客人礼貌道别后退出客人房间,关好房门。	
记录	在记录本上详细记录。	

11. 寄存行李

项目名称	操作程序	说明/标准
接待客人	(1)提醒客人贵重物品及现金不能寄存行李房，请客人自己保管或存于饭店贵重物品寄存处或作其他处理； (2)提醒客人违禁物品不能寄存。	(1)贵重物品：价值标准由酒店自行决定。 (2)违禁物品：按照公安部门和饭店规定易燃、易爆、易腐烂物品、毒品、枪支等不予寄存。
填写行李寄存卡	(1)若客人需要寄存行李，对行李作大致检查，对破损情况向客人明示； (2)并在寄存单上详细注明； (3)向客人报明件数并与寄存单核对； (4)请客人在填写好的行李寄存单上联签字确认，将寄存单下联交给客人，并告诉客人小心保管，凭此联领取行李。	
填写记录	(1)在行李记录单上填写行李件数、寄存人姓名、寄存时间、行李单号码和经手人姓名等详细情况； (2)将行李牌悬挂在客人行李箱把手上。	
按区存放行李	(1)在寄存室或寄存区按区存放行李，做到规范有序； (2)一个客人如有数件行李，就要用行李绳将行李穿在一起。	对寄存的易碎行李应在寄存单上写明："小心轻放，勿压"的字样。
收费情况	住店客人寄存免费，非住店客人不予寄存。	

二、其他服务

1. 处理询问

项目名称	操 作 程 序	说明／标准
当面解决顾客询问	(1)礼貌热情地问候客人； (2)语言温和而清晰； (3)仔细聆听，努力去弄清对方意图； (4)耐心给予正确具体的信息； (5)确保客人明白，如有必要重新讲述一遍； (6)若无法沟通，尽力去找一个能说和听懂这种语言的人； (7)对询问酒店内住客的询问者，要礼貌地问清对方姓名和公司，电告住客后，根据住客意见回复。	
解答电话询问（外部）	外部问讯服务涉及范围很广，通常涉及：各类交通工具情况；本地区著名旅游景点的位置、特色及其交通情况；值得推荐的餐馆、娱乐场所的位置、经营特色等；政府部门、商业机构、博物馆、银行、购物中心等位置及交通情况；近期内大型文艺、体育、会展等活动的基本情况。 (1)认真倾听对方问题和要求，凡是知道的、可以答复的问题，应立即清楚地回答； (2)凡可通过手头资料和电话询问马上得到的信息，请客人稍等，立即查询后转告； (3)实在不熟悉的问题，应向客人表示歉意，然后联络有关部门，查询清楚才可答复客人。	

项目名称	操作程序	说明/标准
解答电话询问(内部)	一般涉及以下几个方面： 酒店设施设备及有关政策；各营业场所的位置、服务项目、营业时间、电话号码及收费标准；酒店历史及近期各项活动。 (1)认真倾听对方问题，可以答复的问题，应立即清楚地回答； (2)涉及询问店内消费需求的问题，应热情介绍，并欢迎客人享用、使用； (3)注意保守酒店机密，对于不便回答的问题要以婉转礼貌的托词避免回答，必要时还要记载和报告上级。	

2. 处理邮件

项目名称	操作程序	说明/标准
接受来件	收到邮件后，将邮件登记在专用登记簿上，登记和打印收件时间。	
分类	对于客人的信件，认真进行分类，然后做相应的处理： (1)查找住店客人的信件； (2)查找预期抵店客人的信件； (3)查找要求提供邮件转寄服务客人的信件； (4)查找离店人的信件； (5)最后剩下的属于暂时无法找到收件人的信件。	对于是预期到店的客人，应该在电脑里备注，以便提醒前台在为客人登记时，可以第一时间将信件转交给客人。
接受和记录挂号信件包裹	(1)做好邮件登记； (2)这类邮件应设法更迅速地送交客人。	

项目名称	操 作 程 序	说明/标准
分发邮件	(1)如系住店客人的邮件,应派礼宾员尽早送入客房,去客房前,问询员首先应通过电话与客人联系;如客人外出,则应通过留言的方法(送留言单或打开留言灯)通知客人,请客人在方便的时候与问询处联系。 (2)将邮件交给客人时,要请客人在登记簿上签字。	
处理将到客人的邮件	(1)做好邮件登记; (2)待客人抵店时,一同送达客人。	
处理离店客人的邮件	(1)做好邮件登记; (2)根据入住登记时的信息,联系客人,询问处理意见; (3)若联系不到离店客人,邮件在规定时间内无人领取,3天内退回邮局。	
处理外发邮件	(1)查看信件填写的收件人地址、姓名等信息完整性; (2)邮资登记清楚准确; (3)将信件及时发送。	

3. 处理留言

项目名称	操 作 程 序	说明/标准
留言给在住客人	(1)查询电脑,与留言人确认被留言人的房号与姓名等; (2)复述留言,将留言输入电脑; (3)打印留言,然后送至房间。	如客人亲笔留言,需提供酒店专用留言条。

项目名称	操 作 程 序	说明/标准
留言给有预订客人	(1)查询电脑,与留言人确认被留言人的房号与姓名等; (2)复述留言,将留言输入电脑; (3)打印留言; (4)当客人入住时将留言转交给客人。	
住客给访客留言	(1)一般由客人填写留言单; (2)将留言单复印一份交总台,待访客到访时转交给访客,一联存档; (3)根据客人要求通知客房部、总机房、礼宾等相关岗位。	

4. 残疾人服务规程

项目名称	操 作 程 序	说明/标准
发现客人需求	(1)发现客人需求; (2)应主动礼貌询问客人是否需要服务。	对残疾人用语注意委婉,否则会伤其自尊。
准备残疾人轮椅	(1)根据客人的要求提供服务(提供残疾车); (2)将客人的信息通知相关岗位; (3)告诉客人有需要可找礼宾金钥匙。	没有金钥匙的酒店可安排服务中心指派人员。
专人管家式服务	(1)根据客人要求在指定区域内服务; (2)服务中周到、细致; (3)发现问题及时向主管报告,并做好交班工作。	

5. 出租车服务规程

项目名称	操作程序	说明/标准
为客预订出租车	(1)客人到礼宾台预订当日或次日离店需要的出租车时,礼宾员应询问客人几点钟需要出租车,同时询问客人是否需要早上的叫醒服务; (2)根据客人所要求的时间预订出租车以及客人所订叫醒时间,并通知总机员工。	
记录	(1)在出租车记录本上,记录房号、所订出租车时间、出租车号码; (2)客人是否需要叫醒服务,通知总机的谁、几时通知的等。	叫醒时间最好交到总机请当班员工签字。
替离店客人叫出租车	客人离店需要出租车时或礼宾员主动询问客人是否需要出租车,礼宾员应在征询客人的目的后,迅速在门厅外叫出租车,将出租车引导到规定位置,等候客人上车。	
引导客人上车	(1)替客人打开车门,护顶,请客人上车,并向客人告别; (2)然后将出租车所属公司的自编号记录在专用卡片上双手交给客人。	专用卡片:各个酒店为客人提供的个性化服务,方便客人在下车后忘记物品,可凭借卡片内容寻找遗留物。
客人乘出租车到店	(1)客人乘坐出租车到店,礼宾员应主动为客人打开车门,护顶,并欢迎客人的光临; (2)同时应用出租车记录卡记下出租车的所属公司和自编号,在客人下车时将记录卡片交给客人。	

6. 委托代办服务

项目名称	操作程序	说明/标准
代购物	(1)主动获取客人要求购物的信息,并留下客人的联系方式; (2)为客人收集购物的信息:确认能否买到、何时可以买到、价格多少,需加收多少费用,并及时将信息回馈给客人; (3)征得客人同意后,收取费用,外出为客人购买; (4)客人收到并确认货物,钱货两清,服务完成。	(1)如果只是咨询不需客人付费,但是代买物品,需要客人支付货款,告诉客人多退少补; (2)若需要加收委托代办费用,必须在提供服务前明确告知客人标准(标准由酒店自己决定)。
代接洽、印名片、翻译等服务	(1) 服务种类包括印制名片、翻译、店外租车(包括的士)等; (2)向客人了解具体的接洽要求,并留下客人的联系方式; (3)提供服务前明确告知客人所需加收的服务费; (4)通过已掌握的委托代办资料或查询获得提供服务的联系方式,并致电了解对方的营业位置、价格、类型等,如符合客人的要求,可先行预订; (5)将获得的信息反馈给客人,并把对方的营业位置、价格等告知客人,由客人决定是否需要; (6)收取约定的服务费,留下本人名片,以方便客人联系,适时与客人联系,了解提供服务的效果。	(1)了解服务效果:一则跟进服务,二则可以作为信息积累,方便下次的服务; (2)必须清楚准确地记录客人的要求; (3)不要提供任何未经确认的信息; (4)清晰明确地将客人的要求传达,并得到相应清晰明确的答复。

第八章 礼宾服务

项目名称	操作程序	说明/标准
代维修	(1)取得客人需要修理的物品,并与客人核实损坏的程度,留下客人的联系方式; (2)联系店外的修理点,在得知价格和所需时间后反馈给客人,并告知需加收的委办费,由客人决定是否修理; (3)客人物品送修或要求修理点来店取物品,注意要求修理点开具收条; (4)修理完成后,将物品送还给客人,并当面确认物品状态是否符合客人要求; (5)收取相关费用,服务完成。	有些项目是可以免委托代办费的,由酒店自行决定。

案例1:为客人换房

凌晨1:30左右607号房客人反映空调效果极差,要求总台为其换房,总台A员工通知礼宾B员工,让其为607号客人换至809号房,B员工应声后拿着809号的房卡就直奔到了706号房,将706号房熟睡的客人惊醒,该客人呵斥了B员工:"换什么房,你有毛病吗?"此刻B员工一脸茫然……

请思考

客人为何大怒?B员工问题出在哪?

案例2:满意加惊喜

5月20日成都×酒店金钥匙小何接到河南×酒店金钥匙小刘电话,小刘想请小何5月23日到机场接一下他们酒店金总到店(在该酒店已预订房间),小何称没问题。小何到总台了解了金总具体入住时间、房间数量、入住房型等。接下来小何为金总房间放置了欢迎信、通过对方酒店又了解到金总喜欢喝普洱茶、喜欢睡硬枕头,因此又通知客房作了相应布置。最后,小何又通过自己关系安排接机的车直接进入停机坪,当金总从飞机上下来时看到接机牌、礼仪小姐手捧的鲜花,他既激动又惊讶,你们酒店的金钥匙太棒了!

请思考

金钥匙服务和个性化服务有区别吗?看了这个案例你有何感想?

第九章
总机

第九章 总机

酒店总机的服务员是负责接听转接客人电话，回答客人问询，提供客人叫醒服务的岗位，他们热情的语言、甜美的声音给客人留下了难忘的印象。实训者一定要熟练掌握接听电话的礼仪和流程。

一、电话转接程序 ▶

1. 应答外线电话

项目名称	操作程序	说明/标准
接听	(1)铃响三声内致以简单问候，语气柔和亲切； (2)自报酒店名称。	三声铃响约10秒。
认真倾听并询问	(1)认真倾听对方的电话事由； (2)按类似的规范用语提问： "请问客人房号是多少？" "请问客人叫什么名字？" "请问您要转接哪个部门？"	(1)确保电话准确无误； (2)语音甜美。
转接	核对需要转接分机号或房号： "您要转接的房号或分机是××号，好的，请稍等。"	电话转接过程中需要播放背景音乐。
感谢来电	(1)对对方打来电话表示感谢； (2)客人挂线后挂线。	
电话接通中中断	由拨打电话方重新拨打。	

2. 应答内线程序

项目名称	操作程序	说明/标准
接听	(1)三声内接听； (2)自报岗位。	三声铃响约10秒。

项目名称	操作程序	说明/标准
认真倾听并询问	(1)认真倾听对方的电话事由； (2)按类似的规范用语提问： "好的,马上为您转接。" "好的,请稍等,我帮您查询。"	(1)确保电话准确无误； (2)语音甜美。
转接	快速准确。	

3. 电话转接

项目名称	操作程序	说明/标准
先放等待音乐	(1)接通后问候客人,通报来电； (2)请客人稍等,然后接入电话。	
客人同意接入	(1)若无人应答或拒接,六声内电话返回； (2)对不起,客人不在房间,如需留言在为客人转入语音留言。	语音甜美。
告别	谢谢您的来电,再见。	

二、叫醒服务 ▶

1. 散客叫醒服务

项目名称	操作程序	说明/标准
叫醒服务接收	(1)准备好"叫醒服务登记表",并写上本人工号(姓名),当天日期； (2)接收时要求听清所报的叫醒时间、房间号码,有无特殊要求,并与对方重复其叫醒时间及房号,进行核对； (3)"叫醒服务登记表"上的叫醒时间、房号在记录时要求字迹端正、准确； (4)让当班督导检查。	

项目名称	操 作 程 序	说明/标准
叫醒应答	叫醒服务应答用语: (1)请问要几点叫醒? (2)请问您的房号是多少? 好的,×××房×××点,我们会准时叫醒您; (3)早上好,现在是×××点,您的叫醒时间到了。	VIP叫醒:早上好,××先生/女士,现在是×××点,您的叫醒时间到了。今天气温××度。
设置叫醒	(1)在话务台上按操作程序输入; (2)同一房间有两次以上叫醒时间的,要求在第一时间上注明下一次叫醒时间; (3)检查所输入的时间; (4)某一时间只有一间房需要叫醒的,要把时间同时输入特定分机做提醒。	
确认叫醒成功	(1)在叫醒时间叫醒客人; (2)如果自动叫醒和人工电话叫醒失败,通知大堂副理,并记录通知时间及最终结果。	

2. 团队叫醒

项目名称	操 作 程 序	说明/标准
叫醒服务接收	(1)夜班员工将叫醒表重新整理; (2)按照时间的先后顺序,把原始团队叫醒表与当日的换房单核对,核对有无换房的,核对无误后,输入叫醒电脑。	核对:时间、房号、有无换房记录等。
设置叫醒	将团队房号准确录入叫醒的电脑。	注意检查核对。
确认叫醒成功	查看叫醒电脑叫醒数据,如失败需立即人工辅叫。	

三、来电查询程序

1. 查询非保密住店客人

项目名称	操 作 程 序	说 明／标 准
接听	应热情向客人问好"您好,需要我帮忙吗?"	三声接听。
征询	礼貌征询客人的查询要求,不明白的一定要问清楚。	
查找	通过电脑迅速查找客人信息。	
征求客人意见	如客人在房间,应电话征询住店客人是否接听电话或与访客见面,同意后按要求办理,若客人不愿接电话或见面时应巧妙回绝访客。	
房间无人	礼貌征询访客是否需要留言或晚些时候再来查询。	
未查到	未查到所查信息时,礼貌委婉告知客人。	可能客人未到,可能是朋友帮忙登记非客人本人登记。

2. 请勿打扰房间电话的转接

项目名称	操 作 程 序	说 明／标 准
接听	应热情向客人问好"您好,需要我帮忙吗?"	三声接听。
征询	礼貌征询客人的查询要求,不明白的一定要问清楚。	
查找	通过电脑迅速查找客人信息,该电话设置为"免打扰"。	
回复来电客人	按照客人讲的内容回复。	做好记录。
感谢客人	谢谢客人来电。	

3. 免打扰服务

项目名称	操作程序	说明/标准
接到客人要求	(1) 确认客人的房号、姓名、免打扰时间； (2) 询问清楚是免打扰还是拒查，不要混淆； (3) 说明免打扰后电话出现的特殊状态； (4) 通知客房中心、大堂副理、总台免打扰的房号； (5) 在交接班本上和白板/黑板上同时做好记录。	(1) 免打扰，是不想接听任何电话，不想接受任何服务； (2) 拒查是可以被打扰，但不能让任何人查到该客人住该酒店； (3) 总机机房一般都需悬挂白板/黑板明示一些重要信息。
操作台输入	(1) 根据机台提示按免打扰键； (2) 各酒店输入流程有区别。	
操作台检查	(1) 检查联机电脑有无免打扰信号； (2) 拨分机号码，检查能否打通，不能打通，则免打扰成功。	

案例 1：客人误机

1212 号房客人李先生在早晨 8 点找到总机主管投诉总机员工："我昨天打电话订了今天凌晨 3 点叫醒，要乘坐 6 点 30 早班飞机到拉萨开会，但现在已误机，你说咋办？"总机主管到总机查看得知，总机员工订的当日下午 3 点叫醒。

请思考

你是总机主管应该如何处理该投诉？

案例 2：客人没被叫醒

1118 号房客人在 8 月 5 日晚 8 点订了 8 月 6 日早晨 7 点的叫醒，但 8 月 6 日早晨 9 点，客人到总台拍桌子："把你们经理叫来，我昨天订的叫醒居然没人叫我，你们是什么五星级酒店呢？"大堂副理闻声赶来时致歉后简单询问了才知，客人订叫醒时在 1115 号房，后来换到了 1118 号房，总台换房单做了但忘记送总机备份。

请思考

大堂副理该怎样处理该投诉呢？

第十章
大堂副理

第十章 大堂副理

大堂副理是非常重要的一个岗位,他不仅代表酒店总经理接受并妥善处理客人对酒店的一切投诉,并根据投诉情况提出处理意见和改进建议,还要办理或协助办理有关 VIP 接待事宜,调节大厅气氛,维护大厅秩序,协调并督导前厅部各部门等工作。实训者只有通过实训才能掌握处理投诉的技巧与协调处理问题的能力。

图片来源:成都西藏酒店

一、投诉处理

1. 处理投诉技巧与原则

项目名称	操作程序	说明/标准
对服务态度或服务质量的投诉	(1)首先向客人表示歉意; (2)认真倾听并记录投诉内容; (3)将处理投诉的时间明确告诉客人; (4)将采取的措施告诉客人; (5)根据投诉内容与相关部门协调; (6)重大投诉应通知相关部门经理; (7)准确、详细记录在客人意见本上。	

项目名称	操 作 程 序	说明/标准
处理投诉的原则	(1)站在客人的角度思考问题； (2)不要反驳客人，保持冷静； (3)话不要太多； (4)在安静的地方与客人单独谈话； (5)不损害酒店的利益。	

2. 处理投诉规程

项目名称	操 作 程 序	说明/标准
接受投诉	(1)保持冷静，如有必要和可能，将投诉的客人请到妥善地点，以免影响其他客人； (2)用真诚、友好、谦和的态度耐心倾听客人的问题； (3)将客人投诉的主要内容记录在备忘录上； (4)不与客人争辩或批评客人，而是让客人情绪尽快平息； (5)对客人遇到的不快表示理解，并致以歉意； (6)用和蔼的语气告诉客人，他的投诉是完全正确的，以使客人感到受尊重； (7)待客人讲完后，首先向客人道歉，说明会立即处理。	倾听中不能表现出厌烦或愤怒情绪，不打断客人的陈述。

项目名称	操作程序	说明/标准
处理投诉	(1) 向有关人员了解事情经过及原因，不能偏听一面之词； (2) 如属酒店方面工作失误，要诚恳地向客人道歉并承认错误，表示一定会改进，给客人一定的优惠予以弥补过失； (3) 把将要采取的措施告诉客人并征得客人的同意，把解决问题所需要的时间告诉客人； (4) 对于不易解决的投诉及时向有关经理汇报，核查事实并作处理； (5) 将处理结果通知客人； (6) 征求客人对投诉处理的意见； (7) 再次向客人道歉。	注意自己言行举止，一定不要抢着与客人讲话。
记录投诉	(1) 将投诉客人的姓名、房号、消费地点、单位名称、联系方式、投诉时间、投诉事由和处理结果记录在一式两份《客人投诉记录表》上； (2) 将客人的投诉分类进行整理； (3) 每日下班前转交前厅部经理审批； (4) 审批后部门留存一份，呈报总经理办公室一份； (5) 代表酒店致函给客人，表示道歉，并欢迎客人再次光临酒店。	将这些有过投诉的客人记录在电脑里，以便下次登记时注意。

二、特殊处理规程

1. 过生日客人处理规程

项目名称	操作程序	说明/标准
信息接收	(1) 相关人员在电脑客历中查到住店客人有过生日信息； (2) 尽快查清客人基本信息（籍贯、年龄、离店日期、有无特殊要求等）。	

项目名称	操作程序	说明/标准
客人当日离店	(1)在电脑系统备注中标明客人当天生日； (2)退房时通知相关人员，由相关人员为其送上礼物，并送客人离店。	
客人当日不离店	(1)为客人准备礼物,写生日祝福卡； (2)相关人员亲自将生日祝福送到客人手中； (3)若客人不在房间就直接把礼物、贺卡放在房间某处。	

2. 生病客人处理规程

项目名称	操作程序	说明/标准
接到信息	(1)得到客人生病信息； (2)尽快查清客人基本信息(籍贯、年龄、离店日期、有无特殊要求等)。	
问候	(1)带给客人最温馨的问候，并根据情况建议客人到就近的医院就诊； (2)根据客人的病情，问询客人是否需要什么特殊的帮助，在权限范围内尽量为客人提供帮助,若出权限,向上级申请批准后方可回复客人。	
关注客人病情	(1)相关人员随时关注生病客人，询问客人是否愿上医院就诊； (2)若客人不去医院，便问询客人是否需要叫医生出诊，帮助客人联系有关的服务，并告知出诊费用由客人自己承担。	随时关注:定时探望或电话关心。

3. 处理物品丢失或损坏规程

项目名称	操 作 程 序	说明/标准
接到通知酒店物品损失或丢失	(1)立即到现场,核实记录; (2)了解赔偿价格。	
调 查	(1)确认系住店客人所为或有责任; (2)据损坏的轻重程度,按酒店的赔偿价格,向客人提出赔偿。	
索 赔	(1)礼貌地指引客人查看现场; (2)向客人展示有关记录和材料,如果客人外出,必须将现场保留至索赔结束; (3)如客人对索赔价格有异议,大堂副理可根据赔偿价格调整; (4)如客人同意赔偿,则带客人到收款处付款。	
赔偿后	通知有关部门恢复。	

4. 火警处理

项目名称	操 作 程 序	说明/标准
接通知	立即赶到火警现场。	
报 告	(1)根据火警情况,决定是否需要报告上级并同时拨打火警电话; (2)同时用身边就近的灭火器灭火。	
检 查	检查保卫部人员、客务部主管、楼层服务人员、工程部人员是否按时到场。	
施 救	(1)在条件允许的情况下,立即组织人员投入抢救; (2)在警报未解除前,未经上级同意,不得私自离开现场;	

5. 客人物品丢失

项目名称	操作程序	说明／标准
表示遗憾	(1)与保卫部主管和客务部主管到房间向客人了解情况,不要轻易下结论; (2)先向客人表示同情与理解。	
引导客人回忆	(1)引导客人回忆是否记错; (2)引导客人回忆去过哪些地方,有没可能遗留在某地。	
调查	(1)检查开房记录,向有关服务人员了解情况; (2)经过客人的允许陪同客人报案; (3)部门建立员工档案,多次涉嫌的员工应予以调查或辞退。	报案:一定建议客人报案。
回复	如果一时无法查出,应将查找情况与结果告诉客人,并告诉客人最后回复时间。	回复时间:即使答应客人回复的时间未查到结果,也必须回复客人调查进展情况。

6. 楼层发生火警

项目名称	操作程序	说明／标准
接到通知	(1)接到电话通知后,立即赶到火警现场; (2)根据火警情况,决定是否需要报告上级。	

项目名称	操作程序	说明/标准
检查指挥	(1)检查保卫部人员、客务部主管、楼层服务人员、工程部人员是否按时到场; (2)在条件允许的情况下,立即组织人员施救。	(1)到场人员必须手提小型灭火器及手电筒; (2)按时到场:由酒店自行规定时间。
施救	(1)楼层服务人员逐间敲开客人房门,并在房门上做记号; (2)保卫人员根据火情动用消火栓或灭火器; (3)其他人员听从大堂副理安排疏散客人到安全场地。	(1)做记号:房门上用粉笔画上酒店规定的符号,表明房间内客人已被疏散; (2)所有人员不能乘坐电梯。
离开现场	在警报未解除前,未经上级同意,不得私自离开现场。	

7. 发生水情

项目名称	操作程序	说明/标准
接到通知	(1)接到电话通知后,立即赶到现场; (2)根据现场情况,决定是否需要报告上级。	
检查指挥	(1)检查保卫部人员、客务部主管、楼层服务人员、工程部人员是否按时到场; (2)指挥现场人员到位,听从安排。	按时到场:由酒店自行规定时间。
施救	(1)根据现场情况安排到场人员准备盛水物资和抽水泵现场排水; (2)安排工程人员检查相应工程设备是维修还是关闸。	

项目名称	操作程序	说明/标准
离开现场	在水情未解除前,未经上级同意,不得私自离开现场。	

8. 处理治安事件

项目名称	操作程序	说明/标准
接到通知	接到电话通知后,立即赶到现场。	
赶赴现场	(1)根据现场情况,决定是否需要报告上级; (2)现场了解事件起因、经过,做好客人安抚工作; (3)配合保卫部处理现场情况。	
离开现场	(1)在事件未处理完前,未经上级同意,不得私自离开现场; (2)做好相应记录。	

9. 外宿房处理

项目名称	操作程序	说明/标准
接到通知	(1)接到客务部办公室或总台的通知,做好记录; (2)查询客人信息。	
调查	(1)查财务余款,如仍有余款且外宿一天,可将房间保留一天; (2)如遇外宿两天、预离期已到,即使有余款也应到房间查看房间状况及有无行李,判断是否将房退掉并做挂账处理。	如果有余款,酒店当日也有充足房源,可灵活地在两天基础上多保留一天。
记录	要有调查记录备案。	

10. 送洗衣物有破损

项目名称	操 作 程 序	说明／标准
致歉	(1)拜访客人； (2)向客人表示歉意。	
调查	(1)查洗衣记录，如在洗衣前却有破损记录，可向客人出示记录，加以说明； (2)如无破损记录，则应通知洗衣房管理人员到场查看，分析原因； (3)如确因洗涤质量造成破损，应请示上级以便确定赔偿金额。	
处理	(1)根据情况做好解释或赔偿； (2)做好记录； (3)编写培训案例。	若酒店责任，赔偿金额由双方协商解决。

11. 客人对服务不满意要求折扣

项目名称	操 作 程 序	说明／标准
倾听	(1)对客人表示歉意； (2)认真记录客人所讲内容； (3)与客人确认记录的内容。	
调查	(1)详细了解客人不满意原因，根据实际情况，进行综合考虑，决定折扣额度； (2)同意给客人折扣时，应采取合理方式，尽可能减少饭店损失；	
记录	对于折扣事件，应做好记录并报告上级。	

12. 客人房间卡丢失

项目名称	操作程序	说明／标准
接到客人通知	(1)客人告知房卡丢失； (2)立即使用终止卡终止该房卡功能。	只要接到房卡丢失信息，不管是否真正丢失，为了安全立即终止房卡功能。
调查	(1)客人报丢失房卡，应请客人回忆钥匙卡可能丢失的地方； (2)如在店内丢失，请相关部门协助查找。	
处理	(1)给客人重新制作； (2)客人未找到房卡，请客人赔付房卡。	

13. 醉酒客人处理

项目名称	操作程序	说明／标准
发现醉酒客人	(1)在公共区域发现醉酒客人； (2)在楼层发现醉酒客人。	
处理	(1)立即上楼与楼层管理人员、服务人员共同处理此事，必要时通知客人的领队或接待单位或同行人员； (2)尽快将客人扶回房间，让其休息，避免客人大吵大闹，影响其他客人休息； (3)如客人醉酒严重，应征得陪同人员同意或视其情况，及时送医院救治，并随时保持联络； (4)房间准备醒酒药和热毛巾。	

项目名称	操作程序	说明/标准
跟踪	客房管理人员安排服务员关注该房间客人动态。	

14. 住店客人死亡

项目名称	操作程序	说明/标准
接到信息	(1)接到客人死亡报告； (2)大堂副理立即赶赴现场,并迅速与急救中心联系。	
医生确认	(1)急救中心医务人员到现场后,判断是真死还是假死； (2)在抢救过程中,所有现场人员不得触摸,挪动现场物品； (3)确定死亡,报告上级及相关部门经理； (4)配合保卫部、公安部门处理现场情况。	
善后事宜	(1)保护现场,禁止无关人员进入； (2)大堂副理做好"120"与殡葬车的路线安排,以免影响饭店正常秩序； (3)通知其家属。	

15. 食物中毒

项目名称	操作程序	说明/标准
接到报告	(1)接到发生中毒事件的报告； (2)大堂副理赶赴现场。	

项目名称	操作程序	说明/标准
处理	(1)大堂副理迅速召集各部门主管赶到现场了解情况,实施抢救。 (2)向中毒客人或同行人员了解中毒情况。 (3)大堂副理应立即与急救中心联系,请求医生到酒店现场抢救(情况轻微的留店观察)。 (4)及时报告: a.因饭店原因造成的中毒事件,大堂副理在向总经理汇报的同时,应还通知当事部门负责人到店; b.征求总经理意见决定是否通知防疫站。 (5)负责人必须将中毒客人所吃的食品留样送检。	中毒情况: (1)进餐地点,所吃食品种类; (2)中毒后的反应:呕吐、晕迷、拉肚子等。
配合处理	相关负责人必须配合相关部门调查。	

16.各岗紧急停电处理规程

项目名称	操作程序	说明/标准
大堂副理	(1)督促工程部在规定时间内恢复照明供电并记录(发电机发电); (2)向酒店总机和总台发布停电原因的统一解释,以便回复客人; (3)检查各岗位管理人员对客人安抚情况。	(1)所谓规定时间:由酒店决定; (2)停电时大堂副理第一时间查看电梯内是否有客人,如有客人及时安抚。
各岗位主管、领班	(1)巡视所管辖区域,现场指挥,保证客区秩序正常; (2)检查督导各部位履行处理规程。	

项目名称	操作程序	说明/标准
应急服务中心	(1)准确记录停电时间和恢复供电时间； (2)到各岗位传达大堂副理指示,做到对客人的解释一致； (3)收集各处信息反馈,及时通知主管处理； (4)如有异常情况及时与大堂副理联系并通知主管。	
礼宾员	(1)如果是夜间,立即开启应急电源； (2)检查客梯是否关有客人,根据情况报告应急服务中心处理。	
总台	如果是夜间,立即拿出应急电源,并协大堂副理做好客人的安抚解释工作。	

17. 遗留物处理规程

项目名称	操作程序	说明/标准
登记	(1)登记内容:地点、日期、物品名称、品牌、数量、拾物者姓名； (2)登记条和物品一起交主管。	
拾到现金	(1)如发现现金,须当即报告办公室,与主管或经理一同清点； (2)将现金装信封封存并签名,再交至负责遗留物办公室。	
客人查找	如客人要求查找遗留物,引导客人在遗留物中心查询。	

18. 处理超住规程

项目名称	操 作 程 序	说明/标 准
得到信息	楼层服务员发现后报告给当班主管,由主管通知大堂副理。	没有确切证据时,只能委婉建议客人。
提醒客人	(1)大堂副理与保卫部人员一同上楼到客人房间提醒客人; (2)标准间最多只能住两位客人,单间只能住一位客人。	
处理方法	(1)请多余客人到总台再开房间; (2)能加床的房间可告知客人,若客人同意加床,请其到前台办理相关手续。	

案例 1:客人摔倒了

夏季的某一天下午,X 酒店走进了一位穿着时尚拎着小背包的女士,她刚走到大厅中间时被一块装饰地毯绊倒在地,裙子瞬间被撕破,大堂副理正好看见……

请思考

大堂副理应该怎样做呢?

案例 2:客人钱包掉了

1215 号房客人打来电话告诉大堂副理小陈:"我的钱包装有数张卡、现金接近一万元,昨天都还在,今天白天出去办了事回来,发现放在梳妆柜上的钱包不在了,你们的服务员是不是手脚不干净呀"?

请思考

大堂副理应该如何调查处理此事呢?

案例 3:

某酒店中餐厅来了几位客人,客人提前预订了包间,客人入座后就告诉点菜员需要一碗寿面,因为客人的母亲当天过生日。点菜员记录了客人的菜品和特殊要求后便将菜单送入了厨房,席间客人一直未见寿面,催了三次服务员上面,服务员都称单早给小吃部了,可能他们太忙没来得及做,最后所有菜上完,用餐接近尾声,客人发怒了:"把你们管理人员叫来,一碗寿面就这么难吗?今天太不吉利了"!管理人员到场后说:"点菜员确实送了单,但他们现在都很忙,还没来得及做,实在对不起!我们马上就安排好吗"?

请思考

服务员做法对吗?管理人员做法对吗?如果是你该怎么办呀?

案例4:

在7月的一天,一位德国老年客人迈克(Mike)住进了某高星级酒店,当天晚上大堂副理正好是小王,迈克走到小王的工作桌前请小王帮他寻找当年成都的教会医院,因为那家医院有位他离散多年的远亲,是一位女医生,全名是××××的德国人,据说现在也应该退休了,但迈克全家都渴望找到她。小王很热心的记录情况,但是没想到找寻的难度太大了,小王打电话询问了卫生局、防疫站以及成都各大医院询问谁知道教会医院是现在的哪家医院?最后得到的答案是成都市第二人民医院,小王赶紧把好消息告诉了迈克,但是小王觉得调查才刚开始,于是她与他的同事一起去往了第二医院人事办公室,为迈克查找亲戚。医院人事办听了他们的来意后,热心的回忆并查找了很多档案才找到了线索,说有几个外籍人在10年前就到了上海工作,最后只给了他们几个退休医生的电话,看他们知道否?回到酒店后,他们把这个消息告诉了迈克,迈克非常兴奋……

请思考

小王这样没有报酬的服务值得吗?她还会继续帮迈克寻找吗?迈克会让小王继续帮忙吗?

主要参考文献

[1]艾哈迈德·伊兹密尔.现代饭店前厅的营运与管理[M].北京:高等教育出版社,2005-6.
[2]侣海岩.饭店前厅标准操作程序即查即用手册[M].北京:旅游教育出版社,2010-1.
[3]姜玲.星级前厅服务人员指导教程[M].广东:广东经济出版社,2006-9.
[4]杨宏建.酒店服务礼仪培训标准[M].北京:中国纺织出版社,2006-1.
[5]刘伟.前厅管理[M].北京:高等教育出版社,2006-7.
[6]徐文苑,贺湘辉.酒店前厅管理[M].广东:广东经济出版社,2005-10.